ちくま新書

反〈絆〉論

中島義道
Nakajima Yoshimichi

JN283522

1103

反〈絆〉論【目次】

まえがき

最近、暗黒の空からふっと雲が切れ、眩しくはないが穏やかな陽光がちらちら舞っているような思いである。子どものころから「どうせ死んでしまう」という強迫観念に駆られ、それが何の解決の糸口をもつかめないまま六〇代後半に突入したのだが、この歳になって、死が少し姿を変えてきた。「死んでもいい」とはまだ言えないが、「永遠の無に呑みこまれる」という死のイメージがそれほど明晰なものではなくなった。

哲学の修行がある程度は進み、ほんとうに死が近くなったこのごろ、この世が「ある」という実感は薄れてきた。もともと「ない」のではないか、という疑いが次第に強くなってきているのだ。もともと「ない」のに「あるかのような」錯覚に陥らされてしまっていたのだ。だから、この錯覚を暴き、真底もともと「ない」ことを実感したら、もう死んでもいいであろう。そのとき「死」とは、もともとないのに「あるかのような」世界から「ほんとうにない」世界へと移行するだけ、すなわち真実の世界へと移行するだけなのであるから。

こんなことばかり小学校低学年のときからおよそ六〇年間考えてきたのだから、もとより、政治・社会・文化などの（新聞やテレビニュースをにぎわせる）大問題に関心がないのは当たり前である。というより、人々はなんでこんな「些細な」問題を大げさに騒ぎたてるのかという反感、マイナスの関心はますます高くなる。

かつては、「いかに生きるべきか」が大問題だったが、もう「ほとんど生きてしまった」いまとなっては、これも大問題ではなくなった。といって、なお問題ではある。すなわち、真の意味で「道徳的に善い」とはいかなることかという関心は消えることがない。それも、カントのように、社会的正義はどうでもよく、個人の心の持ちよう、その「内面の善さ」に関心は絞られる。

クリスチャンであれば、これこそ生きる上での最重要な問題であり、世界の認識や存在以上の意味を持っているはずである。ソクラテス以来の「善く生きる」もそうなのかもしれない。私は、こういう宗教的・哲学的関心にずっと反発を覚えつつ生きてきたのだが、やはりそこにひっかかってきたようである。

どうせ死んでしまう人生、この歳まで生きてきて「あまりおもしろくなかった」の一言である。いろんなところに旅をした。いろいろ魅力あふれる人にも出会った。家族も持ち、子どもも持った、海外に家を持ち、行ったり来たりした。本を書いてさまざまな反響を受けた。油絵も習い公募展に出した。夫婦関係でも親子関係でも「死闘」が続いた。しかし、これらすべてはそれほどおもしろくなかった。というより、私の死を含んで私の人生があるのだから、この全体構造のうちで何ごとも「おもしろかった」と言ってはならないと自分に言い聞かせてきたのである。

そんな中で、いま一番生きがいを感じるのは、「ああ、生きていてよかった」と思うのは、「心のきれいな人」とのふとした出会いである。ちょっとしたことでいい。ウィーンで市電が停留所に入ったので妻とふたりで一目散に走り出すと、ある青年がさっと扉のボタンを押してくれる。そのあいだ市電は動かない。そして、われわれが市電に乗り込むや、彼はもうすたすた大股で歩き去っていた。それだけで、私はその日一日じゅう幸福であった。最近、二度ほど現金やカードの入った財布を落としてしまった。二度とも警察から電話がかかり、それが届けられていることを知り、中を調べると小銭に至るまで何一つなくなっていない。私はしばらく生きる希望が与えられたようであった。家の近所でのこと、朝駅に向かって歩いていると、向こうから黒人の若者がやって来る。近づいてきたので、礼儀上自然に眼を逸らすと、彼はすれちがいざま、にこっと笑い「おはようございます」と挨拶した。一瞬、私の身体の中にさわやかな風が吹き抜けた……。私を至福にするのは、こうした「小さなこと」でいいのである。マザー・テレサの言葉。

小さなことに誠実になりなさい。その中にこそ私たちの力はあるのですから。（『マザー・テレサ　愛のこころ　最後の祈り』アンセルモ・マタイス・奥谷俊介訳、主婦の友社）

だが、こうした「小さなこと」に反して、私の本を読んで感動したと聞いても、私の講義がよかったと聞いても、私の油絵がおもしろいと評価されても、つまり何を誉められても、私は全然幸福ではない。なぜなら、こうした言葉にはいかに希薄でも媚びがまといついているから、私の自尊心を満足させようとする意図が透けて見えるからである。私は、ありとあらゆる媚びや愛想づかいやお世辞の類が病的なほど嫌いになった。それはすぐに見分けられる。たとえその人の「心がきれい」であっても、少なくともそういうときの彼

(女)の心は「きれい」ではない。ソン・トクが透けて見えるからである。

思えば、朝から晩まで列島じゅうが、正義や人権や公平や弱者保護の名のもとにカンカンガクガクの議論をしているのだが、私にはそのほとんどすべてが「どうでもいい」。なぜなら、そこに飛び交うのは、「こうすべきだ」ということと「私はこうしたい」ということとが恐ろしいほど重なり合った安全至極な言葉だけだからだ。「正当な戦争はするべきだ」とか、「一方的な弱者保護に反対である」とか「人種の平等に疑問を持つ」とか、「女性の社会参加はこれ以上進めるべきではない」とか、「いじめは加害者のみならず被害者にも問題がある」という考えが意見として出てもいいはずなのに、それらはきれいにテレビ画面から新聞紙上から消し去られている。

毎日のように、テレビ画面では一斉に頭を深々と下げる男たちが映される。見つかるまではほとんど罪の意識もなく犯罪行為を重ねていたのに、見つかった途端に「心から反省し、遺憾に思う」という弁解が繰り返される。

「わが社ではやくざへの資金援助を恥じていません」とか「わが社は環境問題をまったく配慮していません」とか「わが社はセクハラを容認しています」という発言は聞こえてこない。しかも、言葉のうえで反省しても、真の反省を微塵も感じさせない。すべてがうわべだけであり、すべてが言い訳であり、すべてが企業イメージをこれ以上、下げないための方策にすぎない。すべてが「いま謝っておかないとソンだから」にすぎない。

そして、それを解説する者たち（評論家やコメンテイターという名の無思考集団）の正義感に溢れた発言も、ただの役割であるにすぎない。何人いても、申し合わせたように判で押したように同じ意見になってしまう。同じところで怒り、同じところで感動し、同じところで神妙な顔つきになる。なにもかもみなただの演技である。人は責任をもって自分固有の意見を表明するべきはずなのに、不思議なことである。しかも、これほどの言論統制がまかり通っているのに、各テレビ局も、各新聞も「言論の自由」を唱えているのだから、冗談としてもじつに悪質な冗談である。

私は、このすべてに「心の汚さ」を感じる。われわれはこうした光景にあまりにも馴染んでしまったので、読者諸賢の中には、私が何を問題にしているのかわからない御仁さえいるかもしれない。いわゆる悪はすぐ嗅ぎ分けられる。しかし、善を装った悪は見分けにくい。だからこそ最も悪質である。としても、曇りない目で見れば、「心のきれいさ」とは何か、「心の汚さ」はすぐに見透かされるはずなのに、それが、現代日本では、とりわけジャーナリズムでは、ほとんど問題にならない。それは、みんなソンを回避するための、トクを得ようとするための善意のウソに、外形だけの謝罪に……麻痺してしまっているからではないだろうか？

そこでやっと本書のテーマだが、三年前の東日本大震災以後〈絆〉という一文字が日本中を支配し、それは大きな権力・権威となってわれわれを支配するようになった。私はそれに対して限りない居心地の悪さを覚えている。〈絆〉という一文字の絶対化が人の目を曇らせる、細かく微妙に動く人の心の動きを見せなくするのだ。かつて「お国のため」という言葉の絶対化が人びとの口をつぐませたように、人々から批判的に考える力を削ぎ落とし、ただひたすら定型的な言葉を発して外形的に動くことを強制するのだ。

〈絆〉とは麗しい言葉である。だからこそ、そこには人を盲目にする暴力が潜んでいる。

本書で私が語りたいのはこのことである。

第1章

〈絆〉は重苦しい

†一人の死と一万人の死

いきなり顰蹙を買う（かもしれない）覚悟で私の「死」に関する思想を語ろう。死とは、それぞれの人の死であって、死者の数はまったく問題にはならない。「哲学的には」という限定をつけてもいい。哲学以外の領域では、死者の数が大きな問題になるとも思われるから。死者の数が問題になるのは、それぞれの死者に視点を合わせていないからである。ハイデガーにあらためて言われるまでもなく、死は他人が代替不可能な「その人だけの死」だからである。

よって、死者の数も、死に方も、各人に確実に訪れる死の絶対的なあり方にとっては本質的ではない。アウシュヴィッツの絶滅収容所で死ぬ人も、同時多発テロの犠牲者となって死ぬ人も、東日本大震災による津波に流されて死ぬ人も、一一〇歳で天寿を全うして死ぬ人も死ぬこと自体に関して変わりはない。

このことは人間の内面性を尊重するとき、それぞれの人の代替不可能な存在を忘れないとき、おのずから露わになるものであり、ということは言いかえると、外形的にものを見る目には容易に見えなくなるのだ。われわれは「死」を死に方と死者の数においてセンセーショナルに取り上げ、あとは忘れ果てる。こうした態度の内で「死ぬこと自体」は限りなく不透明になり、ナチズムの研究に、国際テロ研究に、そして被災者救助の問題にすり替わって、轟音とともに議論が回転し始める。

そういう見方しかできないのが普通人（ハイデガーの言葉を使えば「世人（das Man）」）であり、恐ろしいほど想像力が欠如しているとしか言いようがない。人の死の絶対性は一緒に何人死んだのかとはまったく関係がなく、いかなる仕方で死んだか（殺されたか）にも本質的に関係がない。一万六〇〇〇人の津波被害者の一人として死のうが、川に泳ぎに行ってたった一人で死のうが関係ない。アウシュヴィッツで壮絶な死を遂げようと、正月に餅を喉に詰まらせて死のうと、同じ厳粛な死であることに変わりはない。

よって、今回の東日本大震災は、死という観点から見ると、死者の数が一万六〇〇〇人を越えたから大問題なのではない。声を大にしてこのことを訴えたい。だが、おうおうにしてジャーナリズムをはじめとした普通人は死者の数とその死に方（災害）とを大々的に取り上げ、ただちにその「対策」に議論が進む。地震予知対策、津波対策、原発対策、放射能汚染対策……、これらはどれも重要である。しかし、こうしたことに目を向けているうちに、あのとき死んだ一人ひとりが、それぞれただ一度の死を死んだことが覆い隠されてしまう。視点は自然に全体へと向かい、社会へと向かい、一人ひとりの人間を代替可能でもあるかのように数え出し、そして津波で死んだ人々に対して、膨大な量の普遍的かつ抽象的な哀悼の言葉が投げかけられる。さらに〈絆〉の名のもとに「被災者たちにどうにかして手を貸したい」という願いが列島を響き渡るのだ。

視点は内側から外側へと完全に転換してしまった。このすべてがヘンである。最も重要なこと、すなわち各人は代替不可能であること、よって根本的に死んだ人を救えないこと、また生き残った人も救えないこと、この残酷な事実を跳び越して第二に重要なところから出発している。

この錯誤に気づかないのはなぜか？　気づいても濁流に呑みこまれるように、いかにヘンであるかを表すことができない。そのところを語る役割をあえて哲学者が引き受けないとしたら、いったい誰が引き受けるのであろうか？

†〈絆〉という言葉

哲学しかできない領域がある。いや、領域というより方法がある。それは、ある概念が与えられたら（例えば「東日本大震災」や、「絆」）その問題（概念）に関する外的な前提や思い込みを一度徹底的に壊してみてから、人間の本質から、（あえて通俗的な言葉を使えば）その「内面」から、与えられた概念によって意味されているものをあらゆる角度から照射し、徹底的にとらえ直すことである。

とくに、〈絆〉のような「道徳的に善い」とみなされている概念に関しては、「いまは考えているより行動してほしい」という要求が強くなり、そういうときにこそ人々の思考は粗くなるゆえに、――個人としてはいかに行動してもいいけれど――哲学者としては、むしろじっくり腰を据えて根本から考えるべきだと思う。でなければ、誰が考えるのだろうか？

震災で多数の犠牲者が出たとき、どうにかして彼らを救いたいという気持ちに、人間としてほとんど差異はないであろう。だが、そのとき発せられる言語によく耳をすまさねばならない、こうしたときこそ、たとえ略奪、強盗、窃盗、詐欺、恐喝、暴行という直接行動はなくとも、言語による暴力がまかり通りやすいこと、ある単純な言語を強制的に撒き散らすことによって、他の多様な陰影を持った言語を圧殺しやすいこと、この暴力を警戒しなければならない。

「絆」という言葉は、（日本古来の言葉であるが）先の地震のときにあっという間に全国に広がり、一つの権威を獲得した。地震発生時からしばらくのあいだ、テレビ画面は「優しさ」の大号令が轟いていた。「長い階段を辛そうに歩く老婆の背を少年がそっと助けるシーン」を日に何度も見せつけられて、――このシーンはとても自然で好感が持てたのだが――次第にうんざりしてきた。そこに、視聴者をやんわりと包み込む、暴力の姿とはほど遠い、しかしはっきりした暴力を感じたからである。

それればかりではない。メディアは被災地から次々に感動的な場面や感動的な話を紹介した。そして、「あなたはひとりではない」というメッセージを送り続けた。そのほとんどは初めのうちとくに抵抗のないものだった。しかし、それがたび重なると、(私は体験していないのだが)「お国を離れて戦っている兵隊さんたち」の感動的な話と重なり合い、違和感が増してくる。国に残してきた父母や妻子を想いながらも、お国のために名誉の戦死を遂げたいと語る「すばらしい」兵隊さんたちと、それを称賛して報道するメディアと何の変わるところもないという実感である。

もちろん、メディアの背後にはスポンサーとしての企業が、そして膨大な国民がいる。これらが一体となって大きな潮流を形成し、それが、その流れに疑問を感ずる少数の者を蹴散らして進んでいくのだ。

しかし、想い起こしてもらいたい。〈絆〉とは本来人を「縛る」ものなのだ。親子の絆、夫婦の絆、地域社会の絆が「善いこと」ばかりを含意しないこと、それがいかに個人を理不尽に縛るか、誰でも知っているであろう。

〈絆〉は本来、けっして無条件に善いことを意味してはいないのに、今回すっかり相貌を変えて絶対的に善いことになってしまった感がある。いまや「絆」という言葉は特権的地位を獲得し、「私は〈絆〉を求めない」とか「私は〈絆〉を好まない」という語り方ができなくなってしまった。言葉がこういうふうに変貌するとき、そのマイナス面が消し去られ、すべてが明るい光のもとに照らされてあるとき、われわれは警戒しなければならない。

†「家族」という錦の御旗

最近（東日本大地震よりずっと前からだが）、同じような変貌を遂げた言葉がある。それは「家族」という言葉である。家族はかつて健全なマイナス面を含むニュートラルな言葉であったように思うが、いまやメディアでは絶対的価値となってしまった感がある。「あなたが一番大切にしているもの、心のよりどころとしているもの、最も信頼しているものは何ですか？」という問いに対して、最も無難な答えは「家族」であろう。そう答えた瞬間に、その人は現代日本で「まともな人」という資格を獲得し、質問者のまなざしは柔和になり、さらに「なぜ？」という問いが投げかけられることはない。

これは、江戸時代の武士が一番大切にしているもの、心のよりどころとしているもの、最も信頼しているものが「お家」であり、明治から昭和の前半（戦前）までの国民が一番大切にしているもの、心のよりどころとしているもの、最も信頼しているものが「お国」であったのとまったく同じである。

当時、「お家のためを考えない」武士は、武士の風上にも置けない輩であり、「お国」のことを考えない国民は非国民であったように、現代日本において「家族」のことを考えない人は、人間としてまともではないのだ。

しかし、ちょっと反省すればすぐにわかるように、家族ほど個人にとって、異なる価値を持つものはない。家族にぼろぼろになるほど痛めつけられている者もいるだろう。家族が、あなたの結婚、就職、生き方すべてに介入して、あなたから自由を奪うこともある。家族が、あなたをひどく憎んでいることもあるだろう。逆に、あなたが家族をひどく憎んでいることもある。犯罪事件になるのはごく稀であるが、家族を殺したいと考えている人さえ絶対少数派ではないように思う。

ここで、ドストエフスキーの『カラマーゾフの兄弟』をひもといてみよう。最近、亀山郁夫さんの新訳によって大ヒットしたが、その主題は「父親殺し」であり、正妻の子、ドミートリーとイワン、そして私生児であるスメルジャコフ、すなわち息子四人のうち三人までもが、父フョードルを殺す意図を持っている。そうしながら、時折り父の家に集まっていまにも殺し合いが始まるのではないか、という雰囲気のもとに会食する。

ちなみに、ドストエフスキーの父親自身が農奴によって殺され、それを知った若きドストエフスキーは「そうでなければ、俺が殺しただろう」と言ったと伝えられている。

また、ドミートリーとイワンは、一人の女（カテリーナ）を巡っても相手を殺しかねないほど憎み合っている。そして、もちろん、スメルジャコフは、私生児として、カラマーゾフ家すべての者を恨み、憎み、破滅させたいと狙っている。

そして、これらの悪漢たちの外にいて奇跡的に清らかさを保っているようなアリョーシャこそ、ドストエフスキーによれば、この長い小説の主人公であって、やはりその体内にはカラマーゾフの血が流れている。（書かれなかった）第二部では、彼は革命家になり皇帝暗殺計画に参加する。ある解説書（『ミステリとしての『カラマーゾフの兄弟』』高野史緒、東洋書店）によると、アリョーシャこそ父親殺しの実行犯である、少なくともフョードルの部屋にいてスメルジャコフ殺害を手伝った、という可能性まで出している。というわけで、「カラマーゾフの血」の例外者はいないのだ。というより、アリョーシャにおいてのように、カラマーゾフの血がこうした形で発現することこそ（ゾシマ長老の遺体から腐臭が湧き出たことと並んで）、ドストエフスキーが最も書きたかったことなのかもしれない。

というわけで、『カラマーゾフの兄弟』は悪の深ぶかとした根を指し示す小説なのだが、家族大好きの国民がどうしてこの小説を好むのか理解に苦しむ。この家族が「まとも」とはさらさら思わないが、すべての家族には（いかに幸せそうに見える家族でも）、このような憎しみと恨みという要素、少なくとも憎しみと恨みに育ちうる要素があるのではないかと思う。

一般に、人は、（親をはじめ）自分が恩恵を被っている人を、恩恵を被っているからこそ憎む場合があり、（子をはじめ）自分が恩恵を与えている人を、恩恵を与えているからこそ嫌う場合がある。（親子や夫婦や恋人のように）自分が愛する者を、愛するがゆえに、激しく恨み、自分を愛してくれる者を、愛してくれるがゆえに、猛烈に嫌悪する場合がある。

ドミートリーには、確かに息子たちに嫌われる要素が多分にあるが、そうでなくとも、（いわゆる）模範的な親でも、「おやじだからむかむかするほど嫌いだ」ということもあり、

「自分を生んだ母は絶対に許せない」ということもあるだろう。人間は、これほど理不尽なのであり、だからこそ、人生は豊かなのだ。しかし、今回の地震報道にまつわる家族像は、あたかも家族のために苦労を重ねている人がいないかのようであり、あたかも家族を憎む人がいないかのようだった。だから、こうした文脈で登場してくる「家族」という記号は現実から乖離した浮遊物なのだ。

「家族」は、現代日本では原則的に批判が許されないもの、すなわち「人間の平等」とか「基本的人権」とか「民主主義」などと並ぶ象徴的言語となってしまった。「私を不幸にした元凶は家族です」とか「私は家族が最も信頼できない」という「ごく当たり前の」発言が封鎖された。「家族がいると思うと、安心できる」とか「勇気が湧く」という言葉ばかりが繁茂し「家族がいると思うと、憂鬱になる」とか「生きる気力が失われる」という言葉が淘汰されて消えていった。

みな、「わが子が、わが妻が、わが夫が」気がかりなのだった。それに異存はないが、同時にこういう言説は社会的に容認されていない人間関係を抹殺してしまう。見失った犬でさえ盛んに報道されていたが、不倫相手や同性愛の恋人を探す悲壮な声はついに登場しなかった（付録1、付録2参照）。

こうして、大地震という非常事態のさいに人の心は単純になる。とくにメディアは粗暴なほど単純になり、日々死者の数が増大するという過酷な現実を中和するかのように、励ます記事、希望を与える記事、心温まる記事しか載せなくなる。そして、（公認の）親子、（公認の）夫婦の「自然な愛情」を最大限に拡張して打ち出す。そうしながら、反社会的、非社会的な（夥しくあるはずの）物語を完全に抹殺してしまう。

†道徳的言語を語る仕方

テレビや新聞は見なければ、聴かなければいいのだが、こうした〈絆〉がさらに強調されて、朝晩、防災行政無線放送のスピーカーから「みなさん、絆を大切にしましょう！　あなたは一人ではありません！」という声が街中に轟いたらどうであろう？　それはおかしい、あるいは望まないと直感する人は、その理由は言い表せないとしても、「あること」を摑んでいる。

その「あること」とは、いかにすばらしいことでも、それを語る仕方、伝える仕方を考えねばならないということ、いかにすばらしいことを語っても、その仕方次第では、はなはだしい暴力になりうるということである。一般に、何かを「なすこと」とそれを「語ること」、さらにそれを「喧伝すること」とは天地の違いがある。とくに道徳的言語はそうである。

クリスチャン（プロテスタント）の姉は、かつて三〇歳にもなった男（すなわち私）に向かって、絶えず「傲慢になってはダメよ、愛のある人になるのよ」と説教するのだった。ウィーンに住んでいるカトリックの女性（妻がカトリックの洗礼を受けたときの代母）は会うごとに「康子さん（妻）に優しくしてね」と言うのだった。それは私の人格を破壊し、ずたずたに引きちぎり、私を激怒に追いやるのだが、彼女らには一向にわからない。

クリスチャンと言ってもさまざまであることは承知のうえで、およそ共通なのは、謙虚で控え目に見えながら、うらはらに「押しつけがましい」印象を受けてしまうことである。かつて、朝日カルチャーセンターで講師をしていたとき、あるクリスチャンの事務員に、近刊の『ひとを〈嫌う〉ということ』（角川書店）を贈ると、彼女は「先生、今度は、『ひとを〈赦す〉ということ』を書いてください」と笑みをたたえて控え目に言うのであった。そのとき、一瞬彼女に激しい敵意を覚えた。クリスチャンは、他人に対する「愛（アガペー）」を称揚しながら、おうおうにして自分の言葉がいま目前の他人（とくにクリスチャンではない人）にいかに攻撃的な矢を放っているか、傷つけ血を流させるか、わからないことが多い。

しかも、彼らはすでに基本的信念は決めてしまっているのであるから、こちらの意見がその身体に喰い込んでいかない、というもどかしさを覚える。謙虚な彼らはこちらの意見を真摯な態度で聞くであろう。しかし、聞いても、その信念を一切変えないのであるから、語り尽くした後に虚しさが込み上げてくるだけである。信仰が深ければ深いほど、「外」からの反論に対しても異論に対しても微動だにしないのであるから、傲慢と紙一重の印象を受けてしまうのだ。

†他人に注意するということ

感受性の敏感な者（少なくとも私）にとって、定型的道徳的説教は――その内容自体にどんなに賛同していても――耐え難いものである。日々人に親切にしている者でさえ、他人から「人に親切にするんだよ（のよ）」と言われたくはない。それが自分の信条であったとしても、他人から言われたくないのだ。なぜだろうか？

ずっと考えてきたのだが、言葉を発する者の「上から目線」を、すなわち「人を裁く」傲慢な視線をはっきりと感ずるからではないだろうか？　それがどんなに正しくても、他人に注意を促したり、他人を諫めたり、他人に説教することは、他人を侵害することである。他人に注意する人は、少なくともこのことを頭にいや身体に叩き込んでほしい。

私は、教室でも街中（電車の中）でもずいぶん他人に注意するのだが、いかに「正しい」注意でも、自分は限りなく傲慢だと自覚しており、それを嗅ぎつけた相手はけっして私の言葉に応ずることはあるまい、とみなしているからこそ、いくらでも注意できるし、それが無視されても比較的平静でいられるのである。

私にとって、「車内で化粧をしないでください」とか「子供を優先席に座らせないでください」と当人に向かって直接「言う」ことが重要であって、その結果、彼（女）がどう動くのかは比較的どうでもいい。このことによって、一瞬車内の空気は「濁り」、そこに私と注意された者との「対立」が生じ、さらにはそれを目撃していた者もそれぞれ何かを感じる。私はその空気の変化を正確に感じ取り、多くのことを学ぶのだ。

電車内では次々に乗客が交代するので、この「濁り」が長続きはしないこともいいことである。注意するたびに、こうして、私は自分を居心地の悪い状況に追い込み、注意された者と「不快」を共有しようとしている。だからこそ、これまでずいぶん他人に注意しながら、決定的には危険がなかったのだと思っている。

他人に注意する者は、けっして自分は「上」であり注意する者は「下」であるという差別意識を持ってはならない。そのとき、家族のあいだですら注意は何の効果もなくなるであろう。こんなに簡単なことがわからない鈍感な輩が多く棲息していることには驚きあきれ果てる。

じつは何度も同じことを注意する弊害は、誰でも知っている。毎日、玄関先で「忘れものはないの？　ハンカチを持ったの？」と母親から言われて「お母さん、ありがとう」と感謝する中学生はいないであろう。まして「人をいじめちゃだめよ、授業中、先生の言うことをよく聞くのよ、クラスメイトに親切にするのよ」と言われたら、「やめてくれよ！」と（少なくとも心の中で）叫ばない子はいないであろう。

といって、その子が母親の言葉の内容にとくに反対なわけではない。むしろ同意していることが多い。しかし、わかっていることを、いまさら言われたくないのである。そこで、その子がたまりかねて「わかっているよ」と答えると、母親はたちまち「わかっていないじゃないの！」と反撃する。彼女は、「昨日、宿題を忘れたじゃないの、おととい、先生からの連絡を忘れたじゃないの……」とその子のダメなことを数え上げるのだ。母親が毎朝、同じことを繰り返し注意しても効果がないなら、注意しなければいい。注意してもダメなのだから、無駄なことはしないほうがいい。

これに関して、わが国津々浦々に轟いている注意のテープ音は、効果のないことを繰り返し注意する母親のようなものである。これを告発する文章を、私はこれまで何度も書いてきたが（一冊挙げると『うるさい日本の私』日経ビジネス人文庫、新潮文庫）、これは「騒音問題」というよりむしろ「道徳問題」だと思う。

「駆け込み乗車はおやめください……ご順に中ほどにお詰め下さい……ドア付近に立止らないでください、エスカレータをご利用のさいはベルトにつかまり……電車が来ます。黄色い線の内側でお待ちください……」。こういう音を設定する電鉄会社もバス会社もデパートも銀行も、……何度も何度も繰り返し定型的な注意音を流すことがいかに効果を削ぐか、その結果誰も聞かなくなるか、聞こえなくなるか、わからないのだろうか？　しかも、「駆け込み乗車はおやめください」という音が轟く中駆け込み乗車をしても、車掌は「優しく」ドアを開けてくれる。何も効果がないというより、あえて効果をなくしているとしか思いようがない。

京王電鉄では、いまだに駅構内中に「当駅では、終日禁煙です！　ご協力をお願いします！」という大音響注意放送が垂れ流される。「ここ一〇年ほど、駅構内でタバコを吸っている人はまったく見かけないので、やめたらどうですか？」と提案してみたのだが、こういう提案がまったく通じないのが、電鉄会社である。放送をやめて煙草を吸う人がちらほら出るようだったら（場合によって）放送を再開すればいいのに、こういう合理的行動を選択することはさらさらなく、一度設置したら、どんなことがあっても廃棄することはない。こうして、公共の空間は、誰も聞いていないキンキラ声のテープ音だらけになるのだ。

（東京都の清掃車をはじめ）大型車両から垂れ流される「左に曲がります！　左に曲がります！」という音も、（クラクションがほぼ慣習上禁止されているにもかかわらず）クラクションの数倍の音量でまかり通っている。しかも、環七や環八のような大通りには幅二メートル以上の歩道があり、そこにはガードレールが設置されていて、まったく流す意味はないのに、機械的に流し続ける。バックするときは、運転手の一人が下りて周囲を確認していても、「バックします！　バックします！」という高いテープ音が流される。一度設置したら、使用の仕方をまったく考えないのである。

こうしたテープ音は、個人に向かって発せられていないので、誰も傷つかない。だからこそ、効果はきわめて薄い。定型的なテープ音は、まさにあらゆる人を「注意させないために」垂れ流されているとしか考えられない。

†マグダラのマリア

「マタイによる福音書」にこんな話がある。ある娼婦（マグダラのマリア）が引きずり出され、石打ちの刑に処せられることが決まったとき、そこを通りがかったイエスが「おまえたちのうちで罪を犯していない者はこの女に石を投げよ」と命じると、一人去り二人去って、誰もいなくなった、と。

かつて罪を犯した人に注意するのは、まさにこの娼婦に石を投げつけるようなものである。痴漢でも万引きでもいいが、かつて何らかの破廉恥な犯罪的行為で捕まった男がいるとする。その男がすっかり更生し、反省し学校に復帰したあとでも、あなたは彼に向かって毎朝会うたびに「痴漢するんじゃないぞ（わよ）」あるいは「万引きするんじゃないぞ（わよ）」と注意するであろうか？　しないであろう。なぜなら、こうした注意は、彼の人格をはなはだしく傷つけることをよく知っているからである。百歩譲って、いや千歩譲って、たとえそれによってわずかな効果があるにせよ、そのことより彼に注意することそのことの弊害のほうが大きいことを知っているからである。

繰りかえし注意を与える母親も、街に氾濫するテープ音による繰りかえしの注意放送も、じつはこの延長上にある。それによってわずかな効果があるにせよ、こうした形で注意する弊害のほうがはるかに大きいのである。

これに関連して、つい先日佐世保で女子高生が同級生を殺害する（しかもその身体の一部を解剖する）という事件が起こったが、その後、佐世保の市教育委員会が取り組んでいることは「命の大切さ」を子どもたちに教えることである、というテレビのＮＨＫニュースを見て、「またもや」という違和感を覚えた。

「命の大切さ」という一般的レベルの教育ではダメなのだ。いかなる点でいかなる命が大切であるかを具体的に教えなければならない。命を大切に考えている人々がなぜ殺し合うのか、命を大切に考えているアメリカ政府がなぜ人質救助を最優先にしないのか、命を大切にしているわが国でなぜ死刑制度が存続しているのか、命を大切にしている人間がなぜ他の動植物の命を奪い食べるのか……というようなどこまでも「具体的な」テーマを取り上げなければならないのだ。

でないと、「命は大切である」という言葉を反芻するだけの、一筋縄ではいかないその言葉の意味を考えない子供ができあがる。

†他人の悪行を注意しない人は共犯者である

これまで、他人に向かって注意することの難しさを検討してきた。では、私に向かって、あるいは第三者に対して不正なことをした人に対して、私はいかなる注意をしてもいけないのか？　そうではない。先ほども仄めかしたが、注意する人は、ある程度の身の危険と言わないまでも、損害を被っても仕方ないと覚悟したときのみ、他人に注意する「権利」を」持つ。

愚かな人は、「正しいことを言ったのに」無視された、睨まれた、すごまれた、と苦情を言う。ああ、なんと幼稚な精神がまだまかり通っていることであろう。人は「正しい」注意だからといって聞いてくれるとは限らない。禁煙の場所でタバコを吸っている人に注意しても、それが「正しい」注意だからこそ、注意する人の道学者ぶった態度にむっとして従わないこともある。シルバーシートに大股を拡げて陣取っている若者に向かって「席を詰めてあの立っている老人を座らせなさい」と注意したところ、若者はその注意が「正しいからこそ」反感をもって睨み返したり、怒鳴り返したりすることもある。

そして、こうした反応は当然とも言えるのである。なぜなら、注意する人はいかにその注意が「正しく」ても、注意を受けた者を不快にしたこと、他人の面前で恥をかかせたことは事実であり、それは、それだけを切り取れば悪だからである。そして、自分の注意が悪を伴っていることを自覚するとき、注意することは、場合によって正当性を得るように思われる。

私は——ほとんどの日本人が思いつくように——、なるべく相手を不快にしないように注意すべきだ、と言っているのではない。相手を不快にせざるをえない注意もある。なるべく相手を不快にしないことばかりを考えている人は、相手を不快にする場合は注意の言葉を呑みこむであろう。こうした態度が、道徳的善さに反していることはすぐにわかる。

以上の考察からの私の結論はこうである。もし「正しい」注意をしても、無視され、怒鳴られ、場合によっては身の危険を感じることも厭わない、いやある程度当然だと思っている限り、どんどん他人に注意すべきである。この覚悟を持ちえない場合は、注意しないで黙っていればいい。そして、自分もいま目前の禁煙席ですぱすぱ煙草を吸っている男、大声で携帯電話をかけ続ける女と同程度に「正しくない」ことを認めるべきであろう。

だが、——不愉快きわまりないことに——前後左右の善人どもは、いかに規則を破っている人を目撃しても、いかに周りの者が迷惑がっていても、身の危険があるときは何もしない。そして、「心のうちで嘆いている」だけである。こうした人は、彼（女）を非難する資格はない。なぜなら、彼（女）と「共犯者」なのであるから。

†ヒステリックなパウロ

唐突であるかもしれないが、本章の最後にみずからの信念（信仰）に従って生きる使徒パウロの高圧的な道徳的姿勢とそれに対するニーチェの激しい憎悪について考察してみよう。パウロは、表面的にはいかなる反論にも異論にも耳を傾けようとする柔軟な態度をとっているが、その態度とは裏腹に、その内側にはいかなる反論も異論も受け容れない鋼鉄のような硬い信念が居座っている。こうした彼の姿勢は、（パリサイ人やローマ皇帝のみならず）いかなる前提もなしに「初めから」思考し吟味しようとする（ソクラテスのような）柔軟な心の持ち主を、激しくいらだたせたにちがいない。その揺るぎない信仰こそが、長く迫害された原因の一つをなしていることもわかるような気がする。

こうしたパウロの柔軟そうに見えてじつのところ凝り固まった態度は、その背景を吟味すると自然に了解されるものである。彼は、死後イエスの復活を信じる者たち（まだキリスト教徒と呼ばれてはいなかった）を先頭に立って迫害した。一人の指導者ステファノに対する石打の刑を率先して実行した直後のことである（虚構という説もある）。次の迫害地ダマスコに向かう途中、突然「サウロよ、なぜ私を迫害するのか」というイエスの声が聞こえ、三日間盲目になり、その後改心した、と言われている。すべては「内面」の問題であり、単なる幻覚だったかもしれない。しかし、そう言っても何も語ったことにはならない。ただ、その後の彼の行動力が超人的であったことだけは確かであり、幻覚プラス手練手管によって説明できるものではない。

パウロは布教活動に出る。かつてキリスト教徒を迫害したからこそ、そして生前のイエスに会っていないというマイナス面があるからこそ、余人の追随を許さないすさまじい信念とエネルギーをもって、彼はただひとりで命を懸けて戦い抜いた。そして、その白熱した言葉と真摯な態度によって、多くの人を動かした。

もしある人があえて誇るなら、わたしは愚か者になって言うが、わたしもあえて誇ろう。彼らはヘブル人なのか。わたしもそうである。彼らはイスラエル人なのか。わたしもそうである。彼らはアブラハムの子孫なのか。わたしもそうである。彼らはキリストの僕なのか。わたしは気が狂ったようになって言う。わたしは彼ら以上にそうである。苦労したことはもっと多く、投獄されたことももっと多く、むち打たれたことは、はるかにおびただしく、死に面したこともしばしばあった。ユダヤ人から四十に一つ足りないむちを受けたことが五度、ローマ人にむちで打たれたことが三度、石で打たれたことが一度、難船したことが三度、そして、一昼夜、海の上を漂ったこともある。幾たびも旅をし、川の難、盗賊の難、同国人の難、異邦人の難、都会の難、荒野の難、海上の難、にせ兄弟の難に会い、労し苦しみ、たびたび眠られぬ夜を過ごし、飢えかわき、しばしば食物がなく、寒さに凍え、裸でいたこともあった。なおいろいろの事があった外に、日々わたしに迫って来る諸教会の心配ごとがある。だれかが弱っているのに、わたしも弱らないでおれようか。だれかが罪を犯しているのに、わたしの心が燃えないでおれようか。もし誇らなければならないのなら、わたしは自分の弱さを誇ろう。(『聖書』「コリント人への第二の手紙」一一・一六〜三〇)

このように、パウロは自分の「苦労」を「弱さ」をえんえんと誇り続ける。この態度は言葉の強さと相まって人々を惹きつける。そして、逆にけっしてパウロが弱くはないこと、桁違いに「強い」ことを示してしまう。このすべては、キリスト教徒を得るための戦略であったと解してもいいであろう。パウロは、キリスト教の布教こそが自分の使命だと確信し、それに誠実に生きようとしたのだから。

クリスチャンとは限らないが、パウロのような人はいる。（イエスがそうでないのに対して）いつも説教口調であり教師的であり、言葉の上では自分を「愚かで、弱い」と卑下しながら、はなはだしく「賢く、強い」人はいる。その言葉は確かに感動的だが、そのヒステリックな語調はある種の人の顔を自然に背けさせるだろう。ドイツの聖書学者ギュンター・ボルンカムは『パウロ――その生涯と使信』（新教出版社、佐竹明訳）の最後に次のように語っている。

以上に加えるに、彼の人間性の持つこの上もなく不愉快な要素がある。すなわち、決断を下すに際しての堅固なきびしい、容易に人の願いを入れない断固とした態度、手紙の中での怒りの爆発に見られる激情、その反対者に対する、おそらく一度だけではなかった不当な評価、まっしぐらに前に突き進もうとする激しさ、その目標の幻想的ともいえる遠さ等々がそれである。ほかならぬこの使徒において、その偉大さと限界とはきわめて密殺して並びあっている。

科学的・合理的な『イエスの生涯』を書いて注目を集めたフランスの宗教学者エルネスト・ルナンもまた、パウロの人間性に対して同じような厳しい判定を下している。

パウロは無骨で、みっともなく、しばしば怒った。少しもイエスと似ているところはない。讃嘆すべきイエスの寛容さも、すべてを宥す態度も、悪を見ることのできない神の特質も彼にはない。往々にして彼は高圧的であり、びっくりするほど高飛車に自分の権威を認めさせる。命令し、叱責し、また確信をもって自分を語り、躊躇することなく範としての自分を見せつける。(『パウロ――伝道のオディッセー』人文書院、忽那錦吾訳)

もっとも、こう非難したあとで、次のように付け加えているが。

だが、なんという崇高さだろう。なんという純粋さ、なんという無私であろう。(同訳書)

自分が高慢であること、そして自分のうちにそれを削ぎ落す意味での決定的弱点があることをパウロも自覚していたにちがいない。彼は自分のうちに「とげ」があることを告白している。

そこで、高慢にならないように、わたしの肉体に一つのとげが与えられた。それは、高慢にならないように、わたしを打つサタンの使いなのである。(『聖書』「コリント人への第二の手紙」一二・七)

これが何であるか、聖書学者のあいだで議論されているようだが、単に身体が弱いばかりか、何らかの重い持病、あるいは(軽度の)身体障害者であった、とみなせる。"paulus"はラテン語で「小さい」という意味であり、単に小柄であったのではなく異様なほど小柄だったかもしれず、風采が上がらない男という点では意見が一致している。そして人々の目に映る自分の外見の弱さを、パウロ自身次のように書いている。

さて、「あなたがたの間にいて面と向かってはおとなしいが、離れていると、気が強くある」このパウロが、キリストの優しさ、寛大さをもって、あなた方に勧める。(同書、

同箇所一〇・一）

人は言う。「彼の手紙は重みがあって、力強いが、会って見ると、外見は弱々しく、話はつまらない」（同書、同箇所一〇・一〇）

外見はともかく、「離れていると、気が強く」そして「会って見ると弱々しい」人はいる。書いた言葉は力に溢れているが、実際に会って聞いてみると「話はつまらない」人もいる。

ここで、ニーチェに目を転じると、まさしく彼こそそうであったのではないか？

†敵のうちに自分自身を見る

ニーチェはパウロの「とげ」どころか、まさに病の塊のような人であり、見栄えがいいとはお世辞にも言えない。彼はコジマ・ワグナーやルー・ザロメを崇めたが、一人の女性からも恋愛感情を抱かれなかったようであり、男性としての魅力は乏しかったようである。大学の講義もあまりにもか細い声で、後ろの席の学生は聞こえなかったと伝えられている。

また、ニーチェに会ったすべての人が一致して「優しい人」とその印象を語っている。しかし、その文章たるや、凄まじい強さと攻撃性に溢れている。まさに、パウロそのものである。

ニーチェがあれほどパウロを嫌ったのは、その天性の弱さ、そしてそれを隠す鎧としての揺るぎない自信と自己正当化のゆえではないか？　病弱で人間的魅力に乏しいヒステリックなパウロ、そのどう見ても「かっこ悪い」パウロのうちにニーチェは自分自身を、少なくとも若いころの自分自身を見たのではないだろうか？　自分のうちなる「もう一人の自分」をやっと克服した人は、それを体現している他人を激しく憎悪するものである。そうでなければ、憎悪はそれほど深く長く執拗に続くわけがない。

ニーチェにとって、かつての自分を超克することはパウロを超克することにほかならないがゆえに、パウロという象徴的存在に矛先を向け続けるのだ。ニーチェは断じてこのメカニズムに気づいてはならなかった。だが、徐々にこのことに気づき始め、彼に残されている道は自殺か狂気しかなかった。いわばニーチェはパウロに代表されるキリスト教の道徳的言語を激しく拒否しながら、それこそが自分を造っていることを自覚するに至り、この残酷なメカニズムによって殺されたのである。

そして、――比較するのもおこがましいが――私が異様に道徳的言語（例えば〈絆〉）に過敏に反応するのも、その発話者に対して（日本中の街に垂れ流される「ああせよ・こうせよ」というお節介放送を含めて）一瞬殺意さえ覚えるほどであるのも、かつての「弱く善良な自分」に対する憎悪なのかもしれない。そこからようやく脱してきて現在の自分があるがゆえに、その「もう一人の自分」の代わりに、その同型である弱い善人どもを呪い続け憎み続けるのかもしれない。

第2章

〈絆〉は有益である

†シニカルにまた無垢に

ニーチェの『力への意志』の「序言」の1には次の言葉がある。

大いなる事物は、それについて沈黙するか、大いに語ることを要求する。大いにとはシニカルにそして無垢にということである。

この言葉がわからなければ、他の言葉をいかに理解したとしても、ニーチェが体感的にわかったことにはならない。この言葉がわかれば、読者諸賢の感受性は、すでにニーチェの核心部分に到達している。「大いなる事物」とは「永遠回帰」であり、「神が死んだ」ことである。それについては、「大いに語」らねばならず、小さく・こそこそと・小賢しく・大脳皮質だけを使って・語ることは許されない。

そして、ニーチェはその唯一の語り方を「シニカルにそして無垢に」と言いかえている。ここで、「シニカル（zynisch）」と「無垢（Unschuld）」が並べられていることがミソである。はたと膝を打つのでなければならない。しかし、それはニーチェのような感受性を持って生きていない人にとっては、とても難しい。シニカルと無垢がどうして結びつくのか？　脳髄の一部を活性化させてもわかるはずがない。「神が死んだ」という「大いなる事物」をそのまま「無垢に」語ると、あの「狂気の人間」のように嘲笑されてしまう。

きみたちは、昼日中に提灯を点けて市場へ駆け込み、絶えず「おれは神を探している！おれは神を探している！」と叫んでいたあの狂気の人間のことを聞かなかったであろうか。――そのとき市場には神を信じない人々が大勢集まっていたので、たちまち彼はものすごい嘲笑を引き起こした。「神が行方不明になってしまったのか？」とある者は言った。「神が子どものように迷子になったのか？」と他の者は言った。「それとも神はかくれんぼをしたのか？　神はおれたちを怖がっているのか？　神は船で出かけたのか？どこかに移住したのか？」。彼らは入り乱れて叫び声を上げ、嘲笑した。（『悦ばしき知識』）

そして、（ニーチェのテキストにあるわけではないが）彼らは狂気の男のことを「シニカルだ」と叫んでその背中に一斉に石をぶつけるのである。だが、「神を信じない人々」とは、文字通り神を信じない人々なのではない。彼らは「神が死んだ」ことを薄々知りながらも、大騒ぎをせずに、依然としてあたかも神が生きているふりをする人々、すなわち一九世紀後半のヨーロッパに生きる善人どもなのである。だが、まさに、これこそシニカルではないか！

こうした転倒は、ソクラテスの処刑から、ガリレイ裁判を経て、ニーチェに至るまで継続している。真実の言葉を発する者が「シニカルだ！」と断じられ、葬り去られ、薄々真実を知りながらもそれを言葉に出さない人（まさにシニカルな人）がまともな人と見なされるのである。

この転倒は現代日本でも着々と進行している。私が「〈絆〉は人を苦しめることもある」と語ると、至るところから「シニカルだ！」という大声が発せられる。「家族を憎む人もいる」と語ると、「シニカルだ」と嫌悪を示す、いや、笑い飛ばす。なんでこんなに素朴きわまりないことを「無垢に」語ると、みんな嫌がるのだろう？　私を「シニカルだ」と断じるのだろう？

これまでずっと私はこういう仕打ちを受けてきた。「人生何をしても虚しい」とか、「人生は生きるに値しない」とか、「人間の平等は幻想であって、その格差たるや絶望的である」と語っても、「人の不運や不幸の原因はまったくわからない」と語っても、人々は「シニカルだ！」と叫ぶ。私はしごくあたりまえのことを語っているつもりなのだが、大多数の同朋は、私に「世をすねている」とか「ひねくれている」とか「偏屈だ」というレッテルを貼りつけて安心しているのだ。

こうした体験を積んでいくうちに、私はニーチェの善人に対するいらだちが手に取るようにわかるようになった。私から見ると、「人間は平等だ」とか「各人は人格として尊重されるべきだ」とか「人生には生きる意味がある」とか「家族は一番信頼できる」とか「絆こそ大切だ」と語る人の言葉はずいぶん「シニカルに」、つまり自己欺瞞的に響く。ずっと掘り下げてみれば、誰でもこうした言葉には数々の留保をつけるべきであることを知っているのに、それを振り払ってその快い語調にしがみついているのは弱くズルい。

彼（女）は、これが真実であるからこう語っているのではない。そう思い込みたいからこう語っているのだ。こう語ることによって、自分の身体に麻酔を打ち自分をそう信じるように仕向けたいからこう語っているのだ。

†「人生は虚しくない」と語ることは虚しい

私にとって、たいそう不思議なのは、「人生は虚しい」と私が語ると、本能的にイヤがる人は、「人生は虚しくない」という対抗馬しか準備していないことである。人生は虚しいか虚しくないかのどちらかに決まっていると思い込んでいる。しかし、よく考えてみればすぐわかることだが、そんな単純な構造をしているわけではない。人生は、ある観点からは虚しく、別のある観点からは虚しくないというわけでもない。あるときには虚しく、別のあるときには虚しくないというわけでもない。「虚しくない」と語ること、そう思い込むことそれ自体が虚しいのだ。

そして、このとき、一つの弁証法的（?）展望が開ける。私は、「人生は虚しい」と語り続けることをなぜ選択しているのか？　それが真実だからであるが、それだけではない。じつはほとんど自覚していないところで、「人生は虚しい」と語ることそれ自体は虚しくないと信じているからである。それのみが、虚しくないと信じているのだ。というわけで、私もやはり人生は虚しいだけではないことを知っていることになる。

この弁証法はどのように生じたのか、もう一度反省してみよう。ここに留意すべきことは、語ることとそれによってはじめて気づくこととのあいだに開かれるギャップである。「人生は虚しくない」と思い込もうとしている輩（マジョリティ）は、まさにそう語ることによって、意図せずに「人生は虚しい」という人生の相貌を開いてしまう。「人生は虚しくない」と思い込もうとすればするほど、それはもしかしたら嘘ではないかという疑いに取りつかれてしまうのだ。

逆に、「人生は虚しい」と思い続け、語り続けている輩は、そう語ることが真剣であればあるほど、意図せずに人生における「虚しくないたった一つのもの」を探り当ててしまう。それは、まさにそう語り続けることにほかならない。

私は、このことを最近自覚するようになった。「人生は虚しい」と語り続けることによってのみ、私はそれほど虚しくなく生き続けることができる、という不思議なメカニズムが明らかになったのである。

とはいえ、現実に、「人生は虚しい」と「思う」人は少なくないのに、（とくに公の席で）そう「語る」人はほとんどいない。その意味で、私はやはりマイノリティなのであろう。「人生は虚しい」と語っても、刑法上・民法上の罪になるわけでもない。それを口にしたとたんに、社会的に抹殺されるわけでもない。この言葉は、古典的権力論が描くように、あるはっきりした権力が私に禁止するわけではない。むしろ、（自然発生的という意味を含む）自発的に（spontaneously）、大多数の者がそう語ることをみずから控えているのである。

†「人生は虚しくない」と語るほうがトクをする

このあたりの微妙な構造をいかに正確に語れるかどうかが鍵なのだが、マジョリティは以下の理由によって、「人生は虚しい」という言葉を呑み込むのではないか。

（1）現に人生は虚しいからこそ「人生は虚しい」と語ってことさら暗い方向に傾斜していくことを避けたい。だから、むしろ「虚しくない」と自分に言い聞かせて生きていくのだ。これは死にたくならないための、あるいは自暴自棄にならないための最低の処世術である。

（2）組織（会社や役所や学校）は「社会的に（広い意味で）有益である」というタテマエによって存在することが許されているのだから、そこでは、「あたかも虚しくないかのように」振舞うことが期待されている。組織に留まる限り、それを守るのは、礼儀であり、義務である。

（3）みな「人生は虚しいこと」を知っているが、それにもかかわらず一生懸命に生きているのだ。自分よりはるかに過酷な状況を生きている人々に対して「人生は虚しい」と語ることは傲慢であり無礼である。

「人生は虚しい」とあえて語らない理由は、もっともっと挙げられる。だが、いかに理屈を並べても、「人生は虚しい」と語るより語らないほうが、「生きていくうえで（広い意味で）トクだから」という一点に収斂するのではないだろうか？　そして、（広い意味で）トクになることは、どんなに有益であろうとも、（厳密な意味で）道徳的に善くない、と私はカントに導かれて確信する。

「生きることは虚しい」という言葉を禁ずるマジョリティの振舞いは、自他の幸福を求める（増大する）ことこそが最高の価値であるという原理（功利主義）に基づいている。そして、とくに「自分の幸福」より「他人の幸福」を多少でも優先するとき、すなわち先の（2）と（3）が肥大すると、「善人」という美しい衣装をまとう。

いかに辛い体験を重ねても、善人が「人生は虚しい」という言葉を発するのを控えるのは、「他人の幸福」を考えるから、それを聞く人を一瞬イヤな気分、不快な気分にさせるからである。それは、差別語や猥褻語と同じく、その場の空気を汚す不謹慎な言葉なのである。

読者諸賢は、このこと自体とくに非難すべきことではない、と思うかもしれない。しかし、このとき、われわれは「真実を語る」という大いなるものを犠牲にしていることを承認しなければならない。まさにニーチェが指摘したように、「神が死んだ」ことに薄々感づいていながら、けっしてみずからそう語ろうとしない、そして他人にもそう語らせない、一九世紀後半のヨーロッパ人の振舞いと同じである。

†「二重の視点」という宝

感受性や信念の少数派であるマイノリティは社会的に迫害されているがゆえに、自分を反省的に捉える能力を自然に養う。小学生のころから、感じ方や考え方において大多数の子供たちと異なっていることを自覚してきたがゆえに、そして、それは「悪いこと」だという視線を浴びてきたがゆえに、自分の中に二重の視点が構築されるのである。

私は小学生のころから、みんなと仲良く遊ぶことができない子であった。しかし、それは子供らしくないこと、悪いことだという裁きを受けた。「ぼくは死ぬ、そして永遠に生き返らない」という残酷な事実を直感したときから（七歳のころだったろう）、「死」は私の身体の底にたまっていて、それを忘れて快活に生きることを一刻も許さなかった。

キルケゴールの『死に至る病』は（その本来の意味は、クリスチャンにとっての「魂の死」なのであるが）まさにその比類のない恐ろしさを語っている。

> キリスト者のみが死に至る病の何を意味するかを知っている。彼はキリスト者として自然人の知らない勇気を獲得した。彼はより怖るべきものを怖れることを学ぶことによってかかる勇気を獲得したのである。（中略）人間はより大なる危険を怖れているときに、いつもより小さな危険の中に入り込んでゆく勇気を持つものである、――もし人間が一つの危険を無限に怖れるならば、他のものは全然存在しないも同様である。ところでキリスト者の学び知った怖るべきものとは「死に至る病」である。（斎藤信治訳）

自分が死ぬこと、そして二度と生き返らないことを知ったとき、私にとって世界はまさに灰色に変わり、しかもその「一つの危険を無限に怖れ」ていた私には、他の危険は存在しなかった。私は「死」によって、生きていく「勇気」を獲得したと言っていいであろう。私は大人になったら、こういう感じ方もまた「正しい」ことがわかってもらえるのだろうかと思い、大人になるのが楽しみであったが、そうではなかった。依然として、大人たちも明るい顔を、声を、しぐさを、考え方を好み、暗い顔を、声を、しぐさを、考え方を嫌ったのである。

こうした過酷な体験の積み重ねによって、少年時代・青年時代を通じて、私は、死ぬ限り、どんなに豊かな人生を送っても、人生には何の意味もないと思っていた。同時に、他の子どもたちのように、青年たちのように、死の恐ろしさにまみれないで明るく生きられたらどんなにいいだろう、と常に考えていた。明るくない自分はダメな子だといつも実感していた。しかし、私は明るくなれなかった。

遠足で山の頂上でお弁当を広げ、先生がにこにこして周囲の子どもたちの顔を覗き込みながら、「みんなでご飯を食べるとおいしいね」と言う。「ほんとうに」とか「そうだね」と生徒たちもにこにこして賛意を示す。しかし、そう思わない生徒もいるのだ。みんなと食べると話の輪に入っていけないし、みんなの笑顔についていけないし、ひとりで食べた方がずっと気楽でいい、と感じている。しかも、先生が「中島君、どう、みんなで食べるとおいしいでしょう?」と聞くと「はい」と笑って頷くことも学んでいる。そして、日ごろ「何でも言いなさい」と先生から命じられながらも、けっして「みんなでご飯を食べるのは苦しい」と言ってはならないことも学んでいるのだ。

マジョリティはマイノリティに出会っても、ヘンなやつがいると横目で睨んで通り過ぎるだけで生きていける。しかし、マイノリティはマジョリティに「合わせなければ」生きていけない。マジョリティは自分たちの信念や感受性を普遍的に(すなわちマイノリティにも)押しつけるからである。

こうして、信念や感受性のマイノリティは、大変苦労する人生を歩まねばならないが、その代償として宝が与えられる。それは、マジョリティの生き方(思想)がほぼわかったうえで、それとの自分のズレを反省できること、そして場合によって、それに従ったり従わなかったり調整できることである。つまりこうした闘いによって、マイノリティは「普通の視点」と「特殊な視点」という二重の視点を獲得でき、二倍も人生が豊かになるのである。

これは、考えようによっては、大きな収穫である。私は人間心理に関して、いかなる哲学者、文学者の書いたものも正確に理解できると自負しているが、それはこの二重の視点のもたらすものだと思っている。

†「私は正しくない」ということ

それに加えて、私を鍛えてくれたことは、マジョリティの信念や感受性は間違っていて自分こそ正しいのだ、あるいはみな平等に正しいのだ、と思わ、な、い、よ、う、に、する訓練である。自分が間違っていると無理にでも思う訓練である。ずっと後のことだが、キルケゴールの次の言葉に出会ったときは「まさにこのことだ！」と叫び声をあげそうになったほどである。

ところで、あなたの愛の対象であるこのような人があなたに対して不正をはたらくならば、どうだろう？ そのためにあなたは苦しむだろう。（中略）あなたは一切を精査するだろう。あなたは彼が正しくないということ以外のことを認めることができないだろう。しかもこの確信はあなたの心を安めないだろう。あなたはあなたが正しくないことを望むだろう。あなたは、彼の正当さを物語る何かが見いだせないだろうかと、捜し求めるだろう。そしてそれが見つからなくても、あなたが正しくないという考えの中に初

めて、心の平和を見いだすだろう。(『あれか、これか』「ウルティマトゥム」浅井真男・志波一富訳)

私はマジョリティを「愛している」わけではないが、自分を鍛えるためにあえてこう考えるのである。

最近、テレビ(TBS)で、住宅地の中に位置する遊園地や保育園で子供たちの遊ぶ声に対して「うるさい」という抗議が近隣住民から寄せられている、というトピックが取り上げられていた。それに対するコメンテイターたち(五～六人)の意見は、みな判で押したように同じものであった。「子供のころ、私たちだって大声あげて遊んだじゃないですか」「これを見て、悲しい気持ちになりました」「とげとげした世の中になりましたね。なんでもっと寛大になって子供たちを見守ってやれないのでしょうか」等々……。予想していたことであるが、なんで一人でも住民の味方になってやらないのだろう、と不思議な気持ちであった。

やがて、司会者が「子供たちと近隣住民とが顔見知りになれば、知った人の音はうるさくない」という方向に締めくくっていったのにも違和感を覚えた。保育園の側は堂々と取材を受けているのに対して、住民側はいっさい取材に応じないというのも、その番組においては、自分たちが悪者扱いされていることを察知しているからであろう。それにしても、「私は静かに生活したいのです」という当然の思いが、かくも安易に抹殺されること、そればかりか「思いやりのないエゴイスティックな態度」として切り捨てられてしまうことは問題である。

長い年月をかけて二重の視点を得た私は、この企画をしたＴＢＳの人びとも、コメンテイターたちも、ほとんどの視聴者も子ども側であって住民側でないことを知っている。さらに、ごく最近テレビのニュースで知ったのだが、各自治体は、子どもの声を騒音の対象から外すように条例を改正する方向に動き出したとのことである。

さらに、「子どもが迷惑？　どうしたことか」と題する次のような新聞の投書も発見した。

> 公園で静かに遊ぶように呼びかける張り紙がされたり、騒音を理由に小学校の校門前でのあいさつが自粛されたり。いったいどうしたことだろう。子どもたちは遊んで育つものだ。外では大いに歓声を上げて、存分に遊んで欲しいのに。（中略）元気さゆえに時

にうるさい子どもたち。電車内やスーパー、街角で楽しくおしゃべりに興じる高齢者たち。どちらにも温かいまなざしが注がれる世の中であってほしいと願う。(無職　五七歳　朝日新聞、声、二〇一四年八月一二日)

こうした動きを見てつくづく思うのは、彼らマジョリティはあくまでも「正しい」ということである(「正しい」という言葉にこれ以外の意味があろうか?)。彼らは、子どもたちの遊ぶ声はうるさくない、と心の底から感じてしまい、しかもこの感受性は「正しい」という信念に裏打ちされているのだから、びくともしない。

そして、以上をすべて認めたうえで、私はたとえ自分は「正しくない」としても、やはり住宅地の静寂を求める自分の信念と感受性を大切にしようと思うのである。

私は、おそらく平均以上に〈絆〉や家族のすばらしさを知っているであろう。だが、そのすばらしさを完全に認めたうえで、それが同時に最も人に苦しみを与えること、最も人をダメにすることも洞察できるという二重の視点を手にしたのだ。

考えてみれば、私は一度も真の意味で人生を否定しなかった。(カミュの『異邦人』の主人公)ムルソーのように、自然も人間も大好きであったと言っていいだろう。ただ、その中に、死をはじめとして、言い知れぬ理不尽があることを同時に知り、哲学にのめり込んでいったのである。

そして、そういう自分が「偉い」と思ったことは一度もない。哲学などしないでゆったり生きていけたらどんなにいいか、しかし、私はそれができないのだ。私は哲学をするという真のマイノリティに成り下がって、こうしたかたちで私のような人間を生かしてくれる世間に感謝さえしている。

†他人の幸福を求めること

〈絆〉の中核をなすものは他人の幸福を求めることであろう。しかし、これが哲学的には当然のこととはみなされない。とくにカントは（自分の幸福は当然のことながら）他人の幸福を第一原理にしてはならない、と断言した。

なぜなら、カントにとって最も重要な原理は「真実＝誠実であること」であるが、これは論理必然的に他人の幸福を求めることと衝突するからである。他人の幸福を第一原理に掲げると、その人の幸福のために嘘をつくことになりがちだからである。

Aは、妻の癌の検診結果を聞き、末期癌と知らされた後、「どうだった？」と恐る恐る尋ねる妻に向かって、明るい顔で「先生は何も心配ないって言っていたよ」と答えるであろう。病院に見舞いに行ったBは見る影もなく衰えた会社の同僚に「俺、ずいぶん衰弱していて驚いたろう?」と聞かれると、「いや、とても元気そうだよ」と答えるであろう。

カントは、だからいつも本当のことを語るべきだ、という幼稚なことを主張しているのではない。この場合当然のように「相手の幸福のためにつく嘘は許される」と割り切ってはならないということ、やはり誠実性の原則を破ったことに対して自責の念を持つべきだということである。嘘をつくことによって、相手の幸福を奪わずに済んだ。確かにそうであろう。しかし、それでも嘘をつくことそのことが正しくなるわけではない。

こうして、ほとんど物狂いのように「誠実性」を追究するカントの姿勢は正しいのではないかと思う。先の事例を挙げよう。その後、Aの妻はAが嘘をついていたことを知り、そこに愛情を感じて感謝するかもしれない。しかし、「本当のことを知らせてほしかった」とAを非難するかもしれないのだ。この場合、さらに恐ろしいのは、Aが「ぼくはきみの幸せを思って嘘をついたのだから、わかってもらいたい」という態度に出るときである。こうしてAが自分の嘘について自己弁解をするとき、嘘の暴力性が顕わになる。自己弁解を準備して嘘をつくとき、Aの嘘は、いかにその妻の幸福を願ってであろうと、はっきり道徳的に善くない行為という性格を帯びるのだ。

相手の幸福を思って嘘をつく人は、あとからその嘘に関していかに当人から責められようとも、弁解してはならない。その責めを全身に負うべきであろう。私は日ごろ、自分にできるせいぜいのことは、自分が他人を幸福にはできないと悟ることだと思っている。だから、さしでがましいことはなるべくしないのだが、ついそれをしてしまったときには、相手からどんなに心外な非難を受けても仕方ないことだと思っている。すべての人にこのことは要求できないが、「相手の幸福を思って」何かを為す人は、いつでもそれにもかかわらず当の本人からその行為が非難されることを覚悟しなければならない。そうでないなら、何もしないほうがいい

『実践理性批判』の中でカントは「誠実でない人は幸福に値しない」と言う。その通りであり、相手の幸福のために嘘をついた人は、その代償としてみずからを責め、自分は「幸福に値しない」とみなすべきだと思う。とはいえ、自分の思うがままに語り、その結果相手をいかに苦しめても構わないと言っているのではない。その場合でも、やはりその人は相手を苦しめたという災いを招いたがゆえに、幸福に値しないのだ。

確かに、自分自身に対する誠実性は完全義務であり、他人の幸福を願うことは不完全義

うと思えば誰にでもできることなのだ。できないのは、そういう気がないから、言葉に「本心」を込める努力を怠ってきたからである。逆にすればすぐにわかる。「二重の視点」を獲得せざるを得ない人々がいる。それは、先ほど例に挙げた末期癌の患者あるいは拉致被害者の家族など（一般的に言って）極限的不幸に直面している人々である。彼らは、不幸であるがゆえに、言葉の「響き」、すなわち同じ「希望」という言葉でも、その真実度（すなわち欺瞞度）を正確に測定する能力を獲得しているのだ。同じように、身体障害者も自分に掛けられる言葉の「響き」を正確に聞きわけられるであろう。

とはいえ、誤解してもらっては困るが、私は読者諸賢に向かって、他人とくに苦痛に喘ぐ人々を傷つけないように注意深く言葉を使え、と言っているわけではない。むしろ、逆である。もし「本心」がないのなら、ただ定型に人を傷つけないだけの、口当たりのいい言葉を吐くことを控えよ、と言いたい。そして、何も語らないほうがいい。何も語らずに末期癌の患者の手を取った瞬間に、思わず涙が出てきたら、それだけでその人の気持ちは正確に相手に伝わるのである。

†〈絆〉のありがた味

私はこれまで人々との出会いを大切にしてきたし、彼らとの人間関係を大切にしてきた。私が助けた人はごくわずかでしかない（もしかしたら全然いないかもしれない）が、多くの人の助けによって、私は沈没しないでここまで生きてきた。私ほど他人の援助を受けた者も少ないであろう。また、私ほどそれに報いていない者も少ないであろう。しかも、多くの人々はそんな私を切り捨てはしなかった。まさに私は〈絆〉のすばらしさを身体の芯から知っているのだ。しかし、同時に、私は独特の「わがまま」を身に備えていて、他人に呑み込まれることを無性に恐れてきた。他人からの干渉に対して独特の敏感な感受性を持っていた。

とりわけ、私の苦手なのは次のような人々である。

（1）家族、親戚など私に（血縁的に）近い人。
（2）私の小学校以来の友人・知人。
（3）私の恩人。

（4）私を尊敬する人、私に好意を持つ人、私に興味を持つ人。

なぜなら、こうした人々は、私に容赦なく介入してくるからである。ごくたまに会うにはいいと思っていても、そういう希薄な人間関係を許してくれないからである。

他人との理想的な関係を言うと「自分が必要なときには助力してもらいたいが、それ以外のときには干渉しないでもらいたい」と簡単にまとめることができる。

しかし、これを実行するのは至難の業である。以下の理由が考えられよう。

（1）自分が必要なときだけ他人を利用することは、ずいぶんエゴイスティックな要求に見えて、これを毛嫌いする人が多いから。

（2）世界中の人がこのように実行したら、大変な弊害が生ずる。なぜなら、私が他人Aの助力が必要なときにAは私の助力が必要ではなく、逆に私がAの助力が必要でないときに、Aは私の助力が必要である可能性が高いから。

（3）各人の中には、他人に大いに助力ができる人とほとんどできない人がいるから（後者の人は、体力的にも知力的にも経済的にも他人に助力できない）。

このうち、(3)が最も大きな問題であろう。何といっても、世の中には強者と弱者がいる。〈絆〉は強者の連帯という意味でも使われうるのだが、とくに現今のわが国で使われる場合は、弱者の連帯、もっと正確には弱者に対する連帯という意味が強調される。すなわち、もともと〈絆〉の希薄な弱者を、強者と言わないまでも非弱者の〈絆〉のうちに取り込んで助力するという意味が強調されるのである。

何度でも言おう。私はこのことに一〇〇パーセント賛成である。

私は震災後二カ月のとき妻と一緒に被災地を訪れた。仙台空港を出たバスの窓から、すぐに夥しい作業員が泥濘の中で立ち働く姿が見えた。仙台から電車で東塩釜まで行き、そこから代行バスで石巻に向かい、さらに、タクシーで被害の大きかった地域を巡った。被災日の惨状は言うまでもないが、そこで立ち働く自衛隊の若者たちがとても偉大に見えた。時折、大通りを通ると風を切って走る自衛隊の車の列に出会う。敵地で我々を救援する祖国の戦車隊に出会ったかのような(?)本当に感動的なシーンである。

私たちは避難所を巡って物品を供給した。焦燥した大人たちの中で、はしゃぐ子供たちがかえって哀れであった。帰りのタクシーの運転手は「父が流されて死にましてねえ」と淡々と語った。その日泊まった仙台の旅館では、「こんなときに来てくださり、ありがとうございます」という言葉がしみじみ心に響いた（付録2参照）。

このときの印象をひとことで言えば、東北の人は上品だということである。みな取り乱すことなく、与えられた試練を噛みしめているようだった。そうだからこそ、私は「何か助けになりたい」と願った。

ウィーン滞在中、近くに住んでいたピアニストのHさんは、いままで何度も東北でチャリティーコンサートを開いている。現在静岡県に住んでいるHさんが無料でショパンを弾くと、日ごろショパンなど聞いたことがない人々が涙を流して感動するそうである。そのときは、妻も手伝いに出かけるが、そのすべてが自然で心温まるものである。無理のない自然発生的な〈絆〉のよさが現われているからであろう。

普通の生活において〈絆〉はきわめて有用である。例えば、外国で暮らす場合、現地の人々と同じように言葉も生活習慣も身につけている例外的な人はともかく、日々思いがけない困難が待ち受けている。

かつてウィーンで日本人学校の非常勤講師として働いていたとき、市電の乗り方から、大使館との連絡の取り方まで、先生方の互助はすばらしいものであった。とくに、病気になったり、事故に遭ったりするとき、外国での心細さは限りない。そんなとき、日本人たちの綿密な互助によって、とにかく精神に支障をきたさないで生き延びることができるのである。

息子がアメリカン・インターナショナルスクールに通っていたころの父母会のネットワークも大がかりなものであった。とくに日本人家族同士のあいだには〈絆〉がごく自然に形成されていて、授業内容や遠足、学内のトラブルなどについて電話やファックスを送ると翌日には対応してくれ、そのありがた味を肌で感じることができた。

外国で暮らしているわけではないが、現在、私はかなりの数の人々との〈絆〉の中で生きている。「哲学塾」を開いているので、一〇〇人近い塾生との付き合いがあり、二〇年以上油絵を習っているので、少人数ながらその付き合いもあり、細々と本を書いているので、編集者とのつき合いもある、また、五〇年近く一応哲学を続けてきたので、多くの哲学（研究）者との潜在的つき合い（例えば、新たに刊行した本を送ったり送られたり）もある。というわけで、結構、人間ネットワークの中に生きているのだ。

このすべてがなくなるなら、やはり私は「さびしい」であろう。しかし、その大切な〈絆〉であってもわずかにでも油断すれば、私の首を絞める武器に早変わりすることも、私は知っているのである。

〈絆〉の劣化

誰でも知っていることだが、〈絆〉はありがたいからこそ、その構成員を縛るのである。一般的に、家族であれ、親戚であれ、地域社会であれ、会社であれ、いかなるものであれ、〈絆〉に感謝している人が〈絆〉の縛りにまったく反感を抱くことがないとは言えないであろう。ここが肝心である。少なからぬ人は〈絆〉に感謝しているからこそ、時には起こりかねない〈絆〉の侵入に対して何も言えなくなるのである。

具体的に言おう。いかに〈絆〉に感謝する人でも、社長の母親の葬儀に、出版社が主催する忘年会に、あるいは世話になった人の古希の祝いに、あるいは名誉教授の叙勲祝いに……すべて「喜んで」参加したいだろうか？　そうではあるまい。参加するのは特別イヤではない。しかし、それが義務化してしまうことを本当は望んでいないのではないだろうか？　このうちのいくつかをさらっと何のわだかまりもなく断れればどんなにいいことか、と思っているのではないだろうか？

とくに社長に反感を覚えているわけではない。世話になった人を煙たく思っているわけではない。名誉教授が嫌いなわけではない。ただ、もっとしたいことがあるのだ。ゆっくり休暇を過ごしたいのだ。だが、ほとんどの人は、そういう自分は「わがままだ」と自分に言い聞かせて、「喜んで」参加するのであろう。

そして、このような態度をもって参加した人は、じつのところ「喜んで」参加したわけではないからこそ、参加しない人を「わがままだ」と言って裁く。こうして、組織の中にいる者同志が心ならずも互いに縛り合うという虚しい社会ゲームが始まるのである。

これに関して、私は二つのことを実行している。

（1）できれば〈私はできたのだが〉、すべての〈絆〉が生み出す集まりに参加しないという宣言をする。

（2）それはほとんどの場合たいそう難しいだろうから、次善の策として、自分から人を縛ることをやめる。つまり、ありとあらゆる自分に（直接・間接に）関する集まりを控える。〈絆〉を大切にするからこそ、自分がさまざまな断りきれない仕方で、あるいは断ると失礼になる仕方で、他人を招集することをやめる。

知人から展覧会や演奏会の案内状が来ると（とりわけ二、三回と続くと）行きたくないのだが、断りにくい場合もある。その場合「忙しい」などの特別の（場合によっては嘘の）理由を言う必要がない関係を保ちたいものである。それには、まず自分が招待状を送ってもまったく相手に期待しないという態度、来ない相手から理由を引き出さない態度、等々を育成することが肝要である。誰にも、何はさておいてある特定の時間をある人の絵画やピアノ演奏の鑑賞に時間を費やさねばならないという義務はないのであるから。

これに関係して、まず自分が（とくにある集団で「上」の位置を占めれば占めるほど）、慣習や儀礼をもって他人を（とくにその集団において「下」の位置を占める人々を）縛らないように細心の注意を払わねばならない。

親の葬式に来てくれること、自分が入院したときに見舞いに来てくれること、自分の刊行した本を買ってくれること、自分の講演会に来てくれること等々を（たとえ伝えたとしても）まったく期待しないことが肝要である。

これが、〈絆〉が劣化しないための必須不可欠の条件である。この意味で〈絆〉はなるべく「ゆるい」ほうがいい。

第3章

組織における〈絆〉

本章では、狭義の組織、すなわち、血縁関係、友情関係、恋愛関係、同好会、ボランティアの集まり……など個人的な人間関係に基づく組織ではなく、国家や役所、会社や学校、あるいは弁護士会、医学会、商店会などの職業集団、すなわちテーニエスの言う„Gesellschaft（利益社会）"に限って話を進めていこう。

確かにこのような組織は私を守ってくれる。菊の紋章入りのパスポートは、私を守ってくれる。かつて、国家公務員であることは私を守ってくれた。しかし、そのことがすなわち私に代償を要求することになるのである。

長くカント倫理学を学んできた。それが私にフィットしているのは、「共同体の一員としてどう生きるべきか？」という問いが限りなく希薄な倫理学だからである。同じことであるが、「自他の幸福をいかに実現するか？」という問いから限りなく遠い、というよりこの問いを本来の道徳の領域から意図的に追放する倫理学だからである。

私には、「私の属する地域社会、（かつては）大学、国家等々の共同体の一員としていかに生きるべきか？」という問いがない。「ない」というより、この問いそのものに対して違和感、さらには嫌悪感を覚える。同じように、「自分が、そして他人が幸福になるにはどうしたらいいのか?」という問いもまた限りなく希薄であり、この問いを振りかざしている人々（すなわちほとんどすべての人々）には、違和感さらには嫌悪感を覚えるのである。

では、私はいわゆる個人主義者なのか? そうであるともそうでないとも言える。なぜなら、もし個人主義が「すべての個人の尊厳を認め、他人からの過度の干渉を否定し、自己責任を認める」という意味（キレイゴト）であれば、そうではないからである。私は基本的に自分がたまたま知り合った他人のうちごくわずかの他人には関心があるが、それ以外の他人には無限に無関心であり、基本的にはどう生きてもいい。私を侵害しない限り、キレイゴトの個人主義を標榜しても、共同体主義を貫いてもまったく構わないのだ。

こういう輩は――ご推察のように――あらゆる共同体の中でたいそう居心地が悪い。大多数の人間は共同体のために生きているのだから、こういう人間は彼らから追放されることを覚悟しなければならない。そのこともわかっているのである。

キレイゴトの個人主義者も鳥肌が立つほど嫌いであるが（人権や弱者保護を振りかざす人は、私の分類では共同体主義者となるので）、さしあたりは私に介入する可能性は低いから無害である。

よって、勢い批判は共同体主義者に向かうことになる。顧みれば、朝から晩までジャーナリズムが喧伝しているのは、共同体のことばかりである。評論家や学者や政治家がジャーナリズムにおいて議論するのも、共同体を巡ることだけである。

地震報道からオリンピック報道からノーベル賞報道まで「日本」あるいは「日本人」という要素を抜いたら何が残るであろうか？

いま、たまたま錦織圭がテニスの全米オープンで準優勝を遂げ、ジャーナリズムが沸きたっているときである。私もある程度の関心をもって見たが、各局とも「日本の誉れ」だの「日本人として誇りに思う」だの、「夢と勇気をありがとう」だの、決まり文句だらけ。こうした現象についても私見は同じである。

すなわち、こういうセリフを満面の笑顔で叫ぶ人には、もちろんその権利はあるが、同時に自然に「ともに喜ぶ」ことができない人、いやそうしたくない人がいるということを頭の片隅にでも置いてもらいたい。「ともに喜ぶ」ことができない人は異常者なのではない。人間として失格なのではない。ただ、自分が属している共同体に対する意識が希薄なので、「それほど」嬉しくないだけなのだ。

彼らを排斥する態度は、戦争のときに日々報道される戦勝に対して、「日本人として誇りに思う」とか「夢と希望をありがとう」と語る人が、それを批判的に見ている同朋に対して「非国民！」と叫んで石をぶつける態度に通底している。いかなるときでも、「みんなが同じ気持ちになること」には、それについていけない人々を排斥するという危険が忍び寄るのである。

†「繊細な精神」

「いま・ここ」で生じている個々の物ないし個々の出来事を重要視する精神を、私はパスカルの使った意味に従って「繊細な精神」と呼びたい。そして、――ここをとりわけ強調したいのだが――共同体のためを思って動いていくうちに、ほぼ必然的にこの精神は枯渇していく。

この現象は、今回の地震のように、共同体が窮地に陥ったときに加速していく。このとき、国家のためを思う人々、まじめで律義な人々が最も過酷な加害者になる。「緊急事態」という名のもとに、人間の思考の質は低下し、各個人の感受性や信念の違いは無視され、社会全体の効率的機能だけが求められ、繊細な精神は根こそぎ失われるのだ。

三浦綾子の『銃口』（小学館）には、そうした「まじめな」（サルトルの言葉では「くそまじめな（sérieux）」）人々が鮮やかに描き出されている。そして、他方、そういう時代であるからこそ時代の精神の渦に巻き込まれない心の場所を残している感動的な人々も登場してくる。社会が緊急事態に陥ると、共同体の防衛に何の疑問も抱かずに驀進《ばくしん》する人、疑問を抱きながらも全体の風潮に従う人、疑問を抱きながら、それに（内的・外的に）抵抗する人という人間類型が浮き立ってくる。

こうした差異は、天性のものとしか思われない。人類は、共同体の利害やその時代の風潮にほとんど疑問を抱かない人、あるいは抱いてもほとんど悩まずにそれに同調する人と、そうではない人、そこで「悩む」人とに二分される。かならずしも後者の人が「正しい」わけではない。しかし、彼（女）はその生きにくさを代償として、みずからそれを選び取っている限り、とくにいかなる徒党も組まず、「単独者（der Einzelne）」として選び取っている限り、大いに価値があるのではないか？　前者の人は、たとえ「正しい」としても、結果として共同体において、その時代において生きやすいからこそ、それほど価値がないのではないか？

何が「正しい」か「正しくない」かは、常にあいまいであろう。しかし、――カントの主張するように――自分の信念と感受性に誠実であることは、絶対的な価値であるように思われる。これにさらにつけ加えねばならない。自分の信念と感受性に誠実であるとしても、それが共同体や時代によって称賛されることもあろうし、非難されることもあろう。前者の場合、自分の信念と感受性を貫くことは容易であり、かつ褒美が待っている。よって、それにはいかなる道徳的価値もない。しかし、後者の場合、とりわけそれを「単独者」として選び取っている場合、大変な困難と社会的非難が待ち構えている。よって、それには勇気が必要であり、絶大な価値があるのである。

キルケゴールは、『わが著作活動の視点』において「大衆は非真理である」と言い続けたが、たとえ、単独者がいつも「正しい」とは限らないとしても、「単独者」を葬り去った後の「大衆」や「群衆」の意見はいつも正しくない。このことだけは確実である。

もともと西洋哲学は共同体に対する個人の闘いから開始された。ソクラテスは、真・善・美を求めて生きることが「よく生きる」ことであるとしたが、ポリスにとって最も重要なことは、ポリスを守ること、ポリスを繁栄させること、すなわち「ポリスのために生きる」ことであった。それと徹底的にずれていたソクラテスの生き方は、ポリスにとっては目障りだったのであり、最終的にポリスによって殺されたのである。

現代日本で哲学者がその言動によって死刑判決を受けることはないが、社会的に抹殺はされかねない。先に語ったように、現代日本はソクラテスの時代のアテネあるいは戦前の日本に引けを取らないほど言論の自由が奪われている社会であることを自覚する必要があろう。哲学者ならずとも、誰でも、わが国の政府を、官僚を、企業を、ジャーナリズムを、いくら批判してもいい。しかし、(いわゆる)社会的弱者をわずかにも批判してはならない。これは、天皇制に対する批判より禁止力が強いほどなのである。

東京都議会で、塩村文夏議員に対するセクハラヤジが問題となり、ジャーナリズムはそれを大々的に取り上げ、「犯人」の追及に熱中した。そして、鈴木章浩議員が謝罪し、その後も追及は続き、ヤジの声紋を検査するという議論にまで発展した。「女性という弱者」に対する異端審問であり、魔女裁判と同じく、軽い気持ちでヤジを飛ばしたと抗弁しても全然悪いと思っていないと居直っても、「女性蔑視」という判決が下され血祭りに上げられる。そして、次期選挙では必ずや落選するであろう。逃げ場のない過酷な状況である。

ここで「繊細な精神」を持ち合わせていない読者諸賢のために念を押しておくと、このこと自体を私は批判しているのではない。これは、長い過酷な差別構造の反省から生じたことであり、少なくとも一時的には仕方ないかもしれない。だが、たとえそうであるとしても、現代日本には、じつのところ表現の自由がないことを承認すべきだと私は言いたいのである。

ニーチェが恐怖をもって予感していたように、「力への意志（Wille zur Macht）」は二〇世紀に至り、（超人によって実現されたわけではなく）まさに「畜群」によって実現された。弱い者たちの大群が、そして、彼らに政策的・心情的に見方する一部強者たちの支援が「弱い者こそ正しい」という命題を轟かせている。

〈絆〉も地上を支配しているこの強力な磁場のもとで、ごく自然に発生し、ごく自然に支配権を得たと言っていいであろう。いまや列島にこだまする〈絆〉の大号令が、まさに「弱者」による「力への意志」によって、すなわち、その数を背景にした策略によって生じたのである。このことを自覚して、それに賛同するなら、それほど害悪はないであろう。しかし、それを自覚せずに、〈絆〉を絶対的正義と確信し、それをすべての人に高圧的に押し付けるとき、それは、かつてのキリスト教国家が、アジア、アフリカ、中南米に住む「野蛮人」を殺戮し、改宗しながら、このすべては「正義（キリスト教）の布教」だと居直ったようなものである。

といって、私は文化相対論を持ち出したいわけでもなく、アナーキズムを支持するわけでもない。むしろ、こうした譬えを引いて訴えたいことはただ一つである。それは、その時代や社会において「疑いえないほどよいとされていること」こそ、同時に個人を最も暴力的に圧殺するということであり、このことこそ「繊細な精神」の敵、すなわち哲学の敵だということである。

†戦争は「繊細な精神」を殺す

会社なら辞めることができる。しかし、(亡命や難民というわずかな方法以外に) 国家から逃亡することはできないし日本人をやめるわけにはいかない。

ここでは、国家に対する抵抗権を一般的に論じるわけではなく、私がなぜ愛国心に違和感を覚え、なぜ戦争に反対であるのかだけを述べよう。

われわれは国家を思えば思うほど、国家緊急の事態になると、繊細な精神をかなぐり捨てて自国のみが「正しい」と思い込み、ある種の非理性 (狂気) 状態に陥る。戦争の悲劇を知りながら、この狂気状態の深みにいる一群の人々に先導されて比較的理性状態を保っている人々もまた戦争への道を突き進むことは、これまでの歴史が示している通りである。マルタン・デュ・ガールの『チボー家の人々』ほど、こうした狂気を精緻に描写している作品はないであろう。秀才で優等生の兄アントワーヌは何もしないで状況に流される。弟のジャックは、社会主義運動に身を投じ、最終的には「戦争を終結させるビラを飛行機からばらまく」という計画を実行し、墜落して命を落とす。そのあいだに、克明に時局の変化が記述されているが、日ごろ戦争反対を唱えている政治家たちも、そして、戦争で死にたくないと思っている若者たちも、ナショナリズムのために、ぞくぞくと戦争に賛同するようになる。こうした流れがジャックの目を通して克明に描かれている。

戦争が悪いのは人を殺すからのみではない。いかなる正当な戦争でも、いやそれが正当だとみなされればみなされるほど（あらゆる狂信と同様に）、思考の質を低下させ、「繊細な精神」を粉砕し、内面の尊重を忘れさせるからである。人びとの心は硬くなり、公認の固定的な信念と感受性以外のあらゆる多様な信念や感受性を潰しにかかるからである（としても先に述べたように、不思議にその中で柔軟な心を維持している人もいるが）。

戦争と災害（ことに今回のような大災害）とは似ている。災害においても、同じ暴力は起こりうる。そういうときこそ、哲学者たるもの「繊細な精神」をひと一倍持たねばならないように思う。すなわち、共同体や時代において疑いなく「よい」とされていること（そのー つが〈絆〉である）に対して、鋭い批判眼を持つことである。〈絆〉とはいかなるもののなのか？　それはどのような善さを持っているのか？　そして、それはどのような害悪を具えているのか？　それを奨励することに問題はなくとも、それを「語る」ことは道徳的によくないのかもしれない。まして、それを他人にも強制することは道徳的に悪いのかもしれない。

ふたたび言おう。地震の被災者に対していかなる救済をするのか、という議論はあまたの人が参加している。だが、そうした表層を突きぬけて哲学者以外に心の内面にまで立ち入った議論を誰がするのであろうか（そう確信して、私は震災後しばらくして、みんながこぞって称賛する事柄や言葉に違和感と疑問を覚え、折に触れて文章にしていった。それが付録の三点である）。

†善意の嘘

組織においては、とりわけ、「善意の嘘」がはびこるようになる。善意の嘘とは、「窮余の嘘」とも呼ばれ、嘘をついてでも守りたいことがある場合に発生する。例えば、能の「安宅《あたか》」（歌舞伎の「勧進帳」）はそのテーマを扱っている。頼朝に追われる義経の一行が安宅の関で呼び止められる。中に義経そっくりの若者がいると指摘されたのである。そのとき、弁慶は「おまえのために俺たちはこんなに苦労する」と叫んで義経を何度も打擲した。それを見ていた関守の富樫は、若者が義経であることを知りながら、弁慶の忠誠心に感動して一行を通行させるのだ。

確かに感動的な話である。しかし、善意の嘘はこうして容易に嘘をつくことを正当化するゆえに最も悪質である、とカントは論じている。このことを、組織との関係で見直してみよう。

善意の嘘の大きな部分を、共同体のためにつく嘘が占めている。国家機密を語らないこと、国益に反することを語らないことは、一種の善意の嘘である。会社においても、会社の利益に反する真実を語らないこと、さらには会社の利益に沿った嘘を語ることが善意の嘘になる。何度も何度も見慣れた光景である。マスコミが暴くまでは、まったく「心当りない」と決め込み、社員にマイクを向けても逃げ回る。しかし、じわじわと証拠が挙がり、もはや逃げ切れないと悟るや否や、態度を一転させて、幹部一同深く頭を下げて「心から」謝罪する。みな、この謝罪がけっして「心から」ではないこと、ここで謝罪しておかなければもっとソンをするからであることを知っている。何という、汚いゲームを繰り返していることであろう。

読者諸賢は、こうした態度を取らなければ、企業は生きていけない、社員も生きていけない、と言われるかもしれない。その通りである。だが、たとえそうであるとしても、それが（道徳的に）善いわけではない。同じように、たとえそうであるとしても、その会社の社員が（道徳的に）善いわけではない。

そして、――ここを私は強調したいのだが――こういう場合でも、こうした会社に勤めている自分に嫌悪を覚える社員と、そうでもない社員に分かれる。これは知識の量や社会的地位とはまったく関係がなく（逆の相関であるわけでもない）、いわゆる正義感とも関係がない。それは記述すると消えてしまうものであり、感じ取ることができるだけのものである。現代日本では、善意の嘘に塗れ、常に組織のすなわち自分のソン・トクを計算して動く人はきわめて多いが、こうした態度への反省があまりにも少ない。

†朝日新聞バッシングについて

この（二〇一四年）秋に、従軍慰安婦に関する朝日新聞報道のいい加減さ（思い込みにもとづいた記事）に対して、激しいバッシングの嵐が列島中に吹き荒れた。「詐欺師」とも思える吉田氏による従軍慰安婦に関する書簡を充分な調査もせずに新聞に掲載し、それが韓国において猛烈な反日運動を惹き起こし、さらに（とくに欧米を中心とした）世界各国から「性奴隷（sex slave）」と呼ばれて激しい反発を買い、限りない国家利益の損失を招いたというものである。

論点は、国家（軍）が政策として従軍慰安婦制度に関与していたか否かということであり、これに関してカンカンガクガクの議論がいまなお続いている。そのあいだ、週刊新潮、週刊文春をはじめ、大手出版社の刊行する少なからぬ雑誌が、「売国奴」とか「国賊」という刺激的な言葉まで掲げて朝日新聞を攻撃することになった。もちろん、このあいだ朝日新聞社の社員や新潮社の社員が、個人として社の基本方針に反対して発言することは（私の知るかぎり）なかった。

そして、さらに事件は拡大し、吉田書簡を掲載した朝日新聞の元記者X氏が勤務する大学に対して「Xを辞めさせなければ、学生に危害を加える」という脅迫状まで届くことになり、この風潮に危惧を感じた憲法学者たちが率先して「言論の自由」を守るために立ち上がった。

「反〈絆〉論」と題する本書は、こうした「些末な問題」をこと細かく論じるところではない。いままで論じてきたこととの連関で言えば、朝日新聞の数度にわたる記者会見の仕方と謝罪の内容、さらに社長をはじめとする朝日新聞社の「態度」全般は、典型的にソン・トクだけで動いている（自社の存立の防衛だけに腐心する）、いかにも空疎なものだという印象を拭いえない。

とはいえ、ここぞとばかり日ごろの鬱憤を一挙に晴らそうとする、鬼の首を取ったように勝ち誇った各紙（誌）の朝日バッシングに賛同するわけでもない。「国家利益」という観念について無限に意識の薄い私にとって、この観点からの激怒は理解に苦しむものである（想像はつくが）。

むしろ、私が一番興味を覚えたのは次のことである。

（1）みな、自分を棚に上げて相手をタタくということ（しかも、これが全然後ろめたくないということ）。

（2）みな、「公共の利益」を前面に出して戦うということ（しかも、これに全然疑問を感じないということ）。

私にとってたいそう不思議なことに、みな何らかの共同体（人類のため、国家のため、社会のため）に戦っているのである！　しかも、その「公共の利益」が何であるのか少しずつずれているのだから、なかなか話がかみ合わない。

みな、いかにも善や正義を論じているようであるが、そのじつ共同体の幸福だけ、すなわち共同体のソン・トクだけを論じているのであって、カントによれば、ここには真に重要な道徳的問題は何もない。真に重要な道徳的善は、「誠実性」だけであって、そのために人類が全滅しても、国家が滅んでも、家族が皆殺しになっても仕方ないのだ。多くの人がそれは極端だと断じるであろうが、猫も杓子も道徳的善や正義の名のもとに、じつはソン・トクだけを議論しているときに、こうした観点を提起することそのことが大事なのではないかと思う。

なお、単なる感想であるが、Xを辞めさせないと学生に危害を加えるというやり方は確かに卑劣であり「言論の自由」を損ねるというのもわかるが、そうなら、X氏はみんなの前に出てきて堂々と言論によって抗弁すればいいではないか？　そうしないうちは、X氏を（人間としてではなく）言論人として守る必要はまったくないように思う。

ついでに報告しておくと、こうした一連の事件後、朝日新聞が何を報じても（とくにいかなる正義を論じても）「よくも、ぬけぬけとこんなことが言えるなあ？」という呟きの前に活字が頭に入らなくなったので、定期購読を朝日新聞から東京新聞に代えた。

†信条や感受性の支配

組織（会社）は仕事においてその構成員（社員）に善意の嘘を要求するだけではない。組織に参与している個人の信条や感受性をも支配しようとする。

わが国ではとくに組織において「みんな」が従っている慣習に反対することは至難の業である。しかも、その慣習は個人の内面の奥にまで浸透する場合がある。私は会社で働いたことがないのだが、しばしば社長以下、会社の発展を祈願するために神社にお参りをしたり、社員教育のために禅寺で座禅をしたりすることを（テレビなどで）目にする。すべての社員が神道や仏教の信者あるいは帰依者ではないであろうと思われるのに、こうした宗教的な行為が気軽に強制されている。そして、全社員が（おそらく）ほとんど抵抗もなくこの「暴力」に従っている。この鈍感さに対して、私ははなはだしく反発を感じるのだが、社内でこうした意見を表明することさえ嫌がられるであろう。

この世で最も人を縛る儀式は葬式である。結婚式には招待客以外は参加しない（参加する義務はない）が、葬式は誰でも参加できるからこそ、それは普遍的に人を縛ることになる。よって、あえて参加しないと、全身に暗黙の弾圧がのしかかり、その後社内で生きていくのがたいそう難しくなるであろう。
本当に、この世から葬式がなくなれば、どんなにいいことであろう。いや、葬式であっても、故人の思い出話を一切語らず、遺体も完全に消去し、あとに戒名など何も遺さないのであれば、どんなにさっぱりすることであろう。漱石は次のように言う(到底叶わなかったが)。

余は死ぬ時に辞世も作るまい。死んだ後は墓碑も建ててもらうまい。肉は焼き骨は粉にして西風の強く吹く日大空に向かってまき散らしてもらおうなどといらざる取越苦労をする。(『倫敦塔』)

とはいえ、私はいかなる儀式も強制的でないように社会全体を改革したいわけではなく、世間を敵に回して多大な困難に耐えても自分の信条を貫く人々にエールを送りたいわけでもない。ただ、組織がなるべく個人を縛らないように細心の注意を払うこと、仕事において能率を追求するのは当然だが、同時に個人の精神面において最低限の介入に留まることを私が個人的に望むだけであり、よって、私が個人的にその実現に向けて最大の努力をするだけである。

しかし、多くの場合、個人がどんなに努力しても、組織はなるべく個人を縛らない方向には動いてくれない。とすると、一通りの努力を尽くしたあとで、それが徒労に終わった場合、あるいは、それさえできないほど組織改革が絶望的であるとき、与えられた組織の中で居心地の悪い人間は、その組織とどのように折り合いをつけて生きればいいのか？これに関して哲学者たちの生き方はいろいろ参考になる。

すぐに思い浮かぶのは、屋根裏に蟄居しレンズ磨きの仕事を続けていたスピノザの生き方である。だが、彼はキリスト教からもユダヤ教からも破門され、身の安全に関していかなる共同体も保障してくれず、実際にこのように蟄居しなければ生きていけなかった。

こうした隠遁者的生活様式には誰でもある程度憧れるが、実際のところ、組織の中で苦汁をなめている人は、直ちにスピノザのような蟄居生活を望むわけでもないであろう。むしろ、組織から完全に脱出しているわけでもないが、少なくとも自分が最も大切にしている部分において組織からの干渉が最小限であるような生き方こそ参考になるであろう。その意味で、ここではデカルトとカントを挙げる。

†二重の規準をもって生きる

デカルトは『方法序説』の中で哲学者として生きるための格律（行動原理）を三つ挙げているが、興味深いことに、その第一は「法律および習慣に服従すること」である。デカルト自身の言葉を引用しよう。

第一の格律は、神の恵みをもって私を幼時から育ててきた宗教を常に守りながら、またその他のすべてのことにおいては、私がともどもに生きてゆかねばならぬ人々のうちの、最も聡明な人たちが実践上では一般に承認する最も穏便な、極端からは最も遠い意見に従って自分の舵をとりながら、国の法律および習慣に服従してゆこうということであった。（落合太郎訳）

世界はないかもしれない、自分の身体もないかもしれない、1＋1＝2ではないかもしれない……という徹底的懐疑の嵐の中にいながら、デカルトはオランダで兵士になった。まさに三〇年戦争のころであり、デカルトは兵士としてドイツを転々とした。その動機はさまざまに推察されているが確定的なものはなく、また彼がどのような戦闘に参加したのかも知られていない。だが、給料は悪くなく、見知らぬ土地を訪れることもでき、余暇もかなりあって、結構いい職業だったようである。

デカルトはこうして兵士となったが、周囲の人間たちに、自分の哲学を話し聞かせてもわかるはずがない。というより、当時は、そのような絶対的懐疑はすぐにカトリックの権威にぶつかるから、身の危険があった。実際、あの有名なガリレイ裁判はデカルトが少年期のことで、デカルトも地動説を唱えていたのだけれど、それを論じた『宇宙論』は生前出版することはなかった。

デカルトの解決策は先に挙げた「二重の視点」にも通底する。世間の規準を尊重し、なるべく世間と波風を立てたくなかった。そのもとで思う存分思索したかったのである。彼は、自分には真理を追究する使命があると信じていた。そして、それがカトリックの権威のもとにある世間と対立せざるをえないことも知っていた。こうした場合、ジョルダーノ・ブルーノのように、自説を曲げずに火刑に処せられるという選択もあるだろう、ガリレイのように、表面だけ法王庁に従うという選択もあるだろう。しかし、デカルトは、カトリックとぶつかりそうな危険な分野に関しては慎重に回避し、自分の哲学完成に向けてすべての力を注いだのである。

†理性の私的使用と公的使用

カントは小品『啓蒙とは何か』において「理性の私的(privat)使用」と「理性の公的(öffentlich)使用」とを分けている。大学教員として講義したり書いたりすることは「理性の私的使用」であり、共同体の法則に従わねばならない。だが、個人として発言することは「理性の公的使用」であり、完全に共同体から自由なのだ。

カントは意図的に「私的」と「公的」という言葉を常識と逆転して使用している。国立大学の教員すなわち国家公務員として発言することが「私的」なのであり、イマヌエル・カントという一私人として発言することが「公的」なのだから。(こうした転倒した用語法をも含めて)ここに私は、カントのプロイセン国家に対するぎりぎりの抵抗を看て取る。この書の九年後に彼は『単なる理性の限界内における宗教』という著作によって、プロイセン政府から告発され、講義禁止の処罰を受ける。カントは、一応その処分を完全に受容し、そして、国王が代わり危険が去ったとき、「処分などなかったかのように」自説を語り続ける。この点、ガリレイに似ているかもしれない。

現にカントがどのように行為したかではなく、あくまでも『啓蒙とは何か』に従うと、ケーニヒスベルク大学の教授としての発言は、国王や政府の見解あるいは大学の諸規則に従うけれど、イマヌエル・カントという一個人としての発言はまったくみずからの理性にのみ従う。外形的には「共同体のために生きる」のだが、自分の内面はあくまでも共同体から独立なのである。

この「私的・公的」という原理をカントの意図から少しずれて使えるのではないかと私は思っている。「私的」には、共同体の法や掟に従い不埒な発言をしないように気をつけるけれども、「公的」には共同体のために生きることを完全に拒絶する、という生き方である。しかし、これを実践することは大変である。公的発言においてさえ、私の言葉は家族に配慮して、学校に配慮して、国家に配慮して、濁ってしまうのだから。

大学の学科長になって最も私の頭を悩ませたのが、儀礼的挨拶であった。すべての大学行事においては役職についている者はポジティヴな言葉を発しなければならないが、もともとこうした行事ほど無意味なものはないと確信しているので、「調整」に苦労した。新入生歓迎会などないほうがいいが、学科長の挨拶として「こんな会は無意味だ」という以外に語るべき言葉がない。卒業式でも卒業生に向かって「贈る言葉」を語らねばならないのだが、「人生、生きてみなければ、何ごともわからない」という以外に贈る言葉などないのである。

私は、(私的には)最低限の無意味な儀礼的言葉のみを語るように努め、間接的に(公的には)こうした言葉に対する個人的違和感を示すようにしたが、当然のことながら(?)その苦労を理解する一人の教員も学生もいなかった。

大学に留まらない。他の数々の会合や行事において、私は祝辞も述べられないし、儀礼的挨拶もできず、お悔やみも言えない。先にも触れたが、私には葬式が一番の苦手である。「心からお悔やみ申し上げます」とは思わないし、「ご冥福をお祈りします」とも思わない。といって、故人を呪っているわけでも「地獄に落ちてほしい」と願っているわけでもない。「死んだとなると少し寂しいが、私の人生にはそれほどの影響はない」というごく当たり前のことが言えなくて困るのである。

さらに、故人の仕事上の、あるいは人間としての「よいところ」を誉めまくるのも、ひどく趣味に反する。故人はこんなすばらしい仕事をした、こんなにみんなに愛と勇気を与えた、という持ち上げ話には(それがたとえ本当だとしても)うんざりする。故人の仕事をまったく評価しない人もいるだろうし、その人間性に批判的な人もいるだろうのに、それらをことごとく消し去るゲームをみんな大真面目で実行している現場に居合わせるのが耐え難いのである。

葬式の場面ではないが、ハイデガーは「死に行く者」に向かって発せられる空疎な言葉(彼はこれを「空話(Gerede)と呼ぶ」)に対して鋭い分析を加えている。

> 死に面してそれを隠しつつ回避することは、きわめて頑強に日常性を支配しているので、共にあることのうちで「身近な人びと」は「死に行く者」になおもしばしば、彼は死を脱却するだろう、そしてふたたび彼が関心をもつ世界の穏やかな日常性に戻ってくるであろう、と言い聞かせる。こうした「配慮」は、それによって「死に行く者」を「慰め」ようとさえする。(中略)人は、こうして死に対して絶えず気休めをしている。しかし、この気休めは根底において、「死に行く者」に向けられているのみならず、「慰める者」にも向けられているのである。(『存在と時間』第五一節「死への存在と現存在の日常性」)

結婚式も大同小異である。今度は、健康なユーモアをふんだんに込めて新郎新婦を激励

新郎新婦の人
や「優しさ」
体が辛いので
にも、新入社
女にも……ありとあらゆる儀礼的言葉が飛び交う集まりにも出席したくない私は、デカルトやカントのような「二重の規準」を巧みに使い分けなければ生きていけない。しかし、私はそれほどこの規準を「巧みに」使い分けることができないのである。では、どうしたらいいのか？

†組織に留まるべきか、組織から出るべきか

自分の感受性と信念に反することが強いられる組織に所属している場合、選択は三つしかない。その組織に所属することを望むなら、（1）自分の信条を押し殺して組織の慣習に従う。（2）自分の信条に従って、組織の裁き（いじめ、転勤、降格）を受ける。そして、もちろん、（3）組織に所属することを望まない、すなわち組織から出るという選択もあ

る。

（1）に対して抵抗を感じない人間に語る言葉を私は持ち合わせていない。私はそういう人間が嫌いであり、いかなるシンパシーも感じないし、いかなるその言い訳にも賛同できない。（1）ができなくて、たいそう辛いと感ずる人は、「生きにくい」人である。といって、（2）を勧めることはできない。それは、単に辛いからではない。ここを強調したいのだが、ある人が長期間にわたって組織の中で排除されていくうちに、一般に彼（女）は、他の社員を軽蔑し、憎み、いかなる他人の助言も聞かない傲慢で自分勝手で硬直した人間になっていくからである。あるいは、被害者意識に凝り固まった、ひがみっぽい、恨みがましい、人間に転化していくからである。

自分のみ「正しい」として、組織の中で周囲の人間に対してことごとく非難の矢を放ち、よって組織の中で孤立せざるをえなくなった輩は、（それが客観的に十分な理由があろうとも）自覚しないうちに人間として劣化していく。自分は永遠の被害者であり、周囲の他人はすべて加害者であるという安直な図式を当てはめている限り、（それが客観的に正しいとしても）ますます人間として先細りになっていくであろう。

確かに、彼（女）は被害者かもしれない。だが、被害者であり続けることを選んだのは、最終的にはやはり彼（女）なのである。こうした人間は、たまたまその組織を離れて他の組織に入ることができたとしても、身体に蓄積された被害者意識を捨てない限り、周囲の人間とうまくいかないであろう。組織には必ずイヤな（言いかえれば不快な）上司がいるものであり、イヤな（言いかえれば相性の悪い）同輩がいるものであり、イヤな（言いかえれば気に入らない）部下がいるものである。組織におけるイヤな人に耐えられない者は、新しい組織でもまた、何らかの不満を見つけてそれを拡大し、被害者意識を育て上げていくであろう。

組織において辛い思いをしている者が、誰一人として味方につけることもできず（この点が重要である）、しかも自分を正当化し始めたら要注意である。その組織に留まることは、彼（女）にとってあらゆる意味でマイナスであろう。人間として完全に劣化する前に組織を出るべきである。

†内部告発

だが、忘れてはならないもう一つの道がある。自分が属している組織の「不正」に対して「内部告発」するという道である。はたして内部告発は「（道徳的に）正しい」のか？

回答を与える前に、志治美世子さんの『ねじれ』（集英社）という作品を紹介することにしよう。これは、第五回の開高健ノンフィクション賞受賞作品であり、著者の志治さんは数年前まで哲学塾に参加していた。テーマは医療ミスであり、綿密な取材に裏づけられた「事実」の重みがずしんと胸に応える力作である。

いくつかの事故を扱っているが、第一は、日本医大病院においてA医師の外科手術の際に「ワイヤーを頭蓋内に突き刺す事故」（p35）を巡ってである。高橋純さんは娘の突然の死亡におかしいと思いながらも決定的な証拠を見つけられずにいたとき、二年七カ月も経って突然、手術に助手として居合わせたKが「自分は担当医の一人だったが、事故は隠され、その後の管理も杜撰だったために、その娘さんは亡くなってしまった」（p35）という告白をした。

これを踏まえて、事故から三年半後に、高橋さんは、日本医大に対して一億六〇〇〇万円の損害賠償請求訴訟を起こした。だが大学側は否認し続け、さらに「日本医大とA医師は、K医師に対して『病院とA医師の名誉、および信用が毀損された』として一億三〇〇〇万円の損害賠償訴訟を起こしたのである」（p43）。

この名誉毀損の訴えは東京地裁において棄却されたが、控訴審の東京高裁においてK医師の逆転敗訴となり、さらに上告は棄却され、K医師の敗訴が確定した。

事故は手術室という密室で起こり、さらに医学的知識の専門家とずぶの素人との対決であるから、証明するのはきわめて困難であり、さらに医大側は「信用」という最も大切なものを守り通そうという覚悟であるから「真実」は隠され続けるのである。

第二は、卵巣癌の手術において、効果がないと思われる「抗がん剤療法」を当人の同意なしに行い死亡させた金沢大学におけるケース。遺族が国を相手どって訴訟を起こしたが、手術担当医I医師に対して、同じ大学に勤務する打出医師が証言台に立ち内部告発者とならざるをえなかった。この場合は、名古屋高裁金沢支部で、「『臨床医師の被験者に対する説明義務違反』があったことが認められた」（p97）が、同時に「臨床試験の抗がん剤の高用量の使用は、医師の裁量権の一部であり、患者への説明は不要」（p97）という部分もあった。問題はこれからである。これから、I教授の打出医師に対する退職勧告を含む「ハラスメント（いじめ）」が開始されるのだ。打出医師は直ちにハラスメント調査委員会にかけ、「退職勧告」のみハラスメントが認定されたが、現実的にはI教授のいじめは続き、打出医師は次第に手術数の減少、講演依頼に許可を出さないなどの「いじめ」を受け続けた。「この先ずっと大学病院内での立場が好転することはなく、たとえ一生講師のままでいても、しかたがないでしょうね」（p111）と言っていたとのことである。

このほか、本書には小児科医の過労による自殺など、医療現場のすさまじさが淡々と報告されている。

こうした事実を知ったうえでの内部告発に対する私の結論は、こうである。身を挺しての（辞職覚悟の）内部告発には賛同するが、自分が安全な場所にいるかたちでの（例えば匿名での）内部告発には賛同できない。人間として狡いと思うからである。その点、K医師も打出医師も立派であると思う。内部告発によって、自分がソンすることをあえて選んだからである。内部告発が組織に受け容れられるとは限らず、これは身の危険を伴っているからこそ、崇高な行為なのだ。

たとえ病院側が勝訴しても、そのことは病院が正しい（道徳的に善い）ことをいささかも証明しない。それは、病院の存在を守るとか、自分の信用を守るというトクの領域を出ないからである。これに対して、K医師や打出医師は、「自分がソンをしてでも真実を尊重する」という道徳的な領域に突き抜けていると言えよう。

†非社会的ネットワークの形成

以上のような過酷な状況に投げ込まれていなくとも、組織に属していることが耐え難くかつ辞めるわけにはいかない場合がある。そのとき、自分を劣化させないためには、わずかの積極的な道しか残されていないように思われる。その一つは、その苦しみをテーマにして生きること、できれば、それをいつか作品化することである（これは、哲学者や小説家や評論家といった表現者への道であろう）。そして、もう一つは、自分の修行の手段として利用することである（これは、生活自体の作品化、さらには信仰への道であろう）。

こうした道を自覚的に進まない限り、人間として崩壊しないためには、組織から出たほうがいい。だが、場合によっては飢え死にする危険がある。多くの人が、こういう状態に追い込まれているような気がするが、この問題を考えるにあたって、「そのとき」だけを取り出して検討しても、何ら突破口は開かれない。

みずからを非社会的であると自覚している人は（中学生のころからわかるはずだ）、そのころから、自分にとって生きやすい環境をつくる準備をしておかねばならない。それは、大きく分けて二つの要因から成る。

（1）（比較的）ひとりが許される職業を選ぶ。といっても、新聞配達やタクシーの運転手や灯台守などは、物理的空間的にはひとりでいることが多くても、じつは官庁や会社や組合などの統制のもとにある。普通、誰でもすぐに考えつくのが、芸術家、作家、評論家など知的表現者であるが、これは天分と偶然という要素が付きまとう。とにかくうるさい上司と同僚がいなければいいわけだから、弁護士や医者や大学教師という職業は、一国一城の主としてお勧めかもしれないが、もちろん知的能力と厳しい審査が待っている。

(2)信頼できる仲間を数多く持つ。現代日本には、非社会的な人は夥しく生息しているが、非社会的であるゆえに互いのネットワークがないのが現状である。ひとりで生きていくことを目指す人々のまさに〈絆〉があっていいはずなのだ。

(1)は能力と偶然が作用するので一般的には論じられないが、(2)は誰でも心構えひとつで明日からでも実行できる。たとえ会社で孤立していても、ボランティア活動、市民運動、宗教団体、趣味のサークルといった「他のところ」で信頼できる仲間を持つことはできるであろう。身近な例を挙げると、私は六年半前に「哲学塾　カント」を開設したのだが、はじめ学生を中心とした若い人々が来るだろうと思っていたが、彼らに交じって、少なからぬ中高年の方々（最高齢は八〇歳）が参加している。

彼らのうちには非社会的な人、すなわち、組織の中で辛い思いをしている人あるいは仕事に喜びを見いだしていない人、組織を拒否してフリーターに近い生活をしている人などがいるが、かならずしも多数派ではない。医者や銀行員、システムエンジニア、出版社勤務など組織に立派に適合している人もいる。こうした人々が、会社に勤めながら、難解な古典哲学書の読解、ドイツ語、フランス語、ラテン語、ギリシャ語など「社会には直接役に立たないこと」を熱心に学んでいる。

それは、（いわゆる）趣味ではない。「私はいま生きていてやがて死ぬ」という人生の根本問題を洗いざらい問い直し見直すという必死の作業に取りかかっているのだ。「私とは何か？　私が生きている世界とは何か？」、それを知ることが目的なのである。

私は、この哲学塾において、先に述べたことを実践している。すなわち、なるべく個人の精神面に立ち入らないということである。私は誰が結婚してもお祝いを言わず、誰かが「今度、精神科に入院しました」という連絡をよこしても、「ああ、そうですか」と答えるだけで、一切心配しない。そして、誰が塾からふいに姿を消しても、詮索しない。

一年ぶりで塾に顔を見せ、「大病をしましたが、やっと治りました」と報告しても、「ああ、そうですか」と答えるだけである。大学で教えて以来一〇年ぶりに会いたいという人に「どうぞ」と塾の場所を知らせるが、それでも来ない場合、そのままにしておくだけである。

私がこうした態度を貫いているのは、厳しい（？）自己反省による。一般書を書き始め、「無用塾」（かつての哲学塾名称）を開いた二〇年ほど前から、ある人が独特の悩みを抱いて私に近づき、それに親身になるにつれて、その人は私を頼り、私のうちに介入し、私の時間を奪い、……そして、ついに私の受忍限度を超え、人間関係の破綻に至ることが少なくなかった。こうした辛い体験から、真に一人の人を救おうとしたら、それこそ全人格を全人生をかけて取り組まねばならないこと、途中で逃げ腰になるようないいかげんな支援ならしないほうがいいこと、などを学んだのである。

彼らとは別に、哲学の専門家一〇人ほどに非常勤講師を依頼している。彼らの平均年齢は四〇歳を超えていて、大多数は大学に定職を持っていないし、（確率的には）今後持つことも難しそうである。しかし、彼らは「哲学」に人生をかけてしまったのだ。哲学をして対価が与えられる公認の職業としては大学（の常勤のポスト）がほとんど唯一であるから、そのポストがない場合、「冷たい世間の風」に吹き飛ばされないためには、（常勤のポストを得た者も含め）哲学仲間との緊密なネットワークが重要になる。

　こうして、「哲学塾　カント」は、少なくとも「哲学」という文字を共有する限り、どんなに非社会的な人であろうとも仲間との〈絆〉を形成できる、わが国唯一の（？）場である、と自負している。

第4章

（なるべく）他人に同情しない

†「同情」のダイナミクス

„Mitleid（同情）"というドイツ語は、苦しんでいる者と同化するという日本語の語感に近いもので、「同苦」とも訳されるが、英語（あるいはラテン系の言語）の"sympathy"は必ずしも苦しんでいる者にのみ向けられるのではなく、またこの感情を向ける方も向けられるほうも対等の感じを含み、「共感」という日本語に近いように思われる。ここでは、日本語とドイツ語の「同情＝同苦」という語感に沿って話を進めていく。

一般にアリストテレス以来の強者の倫理（すなわち自由民の男子の倫理）は、安易な同情を嫌うが、その中はさらに二種に分類できる。

（1）自分は同情されたくないが、他人（とくに弱者）を同情するのにやぶさかではない。

（2）自分は同情されたくないし、他人に同情したくもない。

これに反して、一般にキリスト教を典型として弱者の倫理は同情を好むが、それも二つに分かれる。

（3）自分は同情されたいし、他人にも同情したい。
（4）自分は同情されたいが、他人に同情したくない。

ただちにわかることは（1）は最も高級（崇高）であり、（4）は最も低級（下劣）であることだが、視野に入ってくることはあまりない。（2）と（3）は現代日本においてある程度容認され、議論の水面に上ってくる（いわば）通常の感覚に基づいた倫理であろう。カントもニーチェも、選択肢は（2）と（3）だけであるように議論が進むのだが、はたしてそうだろうか？　むしろ（1）こそ倫理学の理想なのではないであろうか？　あとで細かく見ていくが、ニーチェの貴族道徳は（2）であり、奴隷道徳は（3）である。（1）を見逃している点、ニーチェはまだ真の強者ではなく充分貴族的ではない。弱者を「憎む」こと「軽蔑する」ことに精神を集中していて、弱者を憐れみこそすれ基本的に相手にしないという真の貴族道徳を手中にしていない。

弱者の同情観が（3）であること、そしてこれこそ現代日本を覆い尽くす倫理観であることは、言うまでもない。現に強い者も強がっている者も、じつはみな根本的に弱いのであり、膨大な他人の助力によって生きている、いや生かされているのだ。たとえ目下のところ他人の助力が必要でない（金で買える）としても、いつ弱者の地位に転落するかわからないではないか。よって、（2）のような驕りを捨てて（3）に切り替えるのが「正しい」のだ。こうした考えは、道徳的響きを持っているけれど、長い目で見ればその方がトクだからという理由が第一であろう。だから、私は基本的にこれに賛成しないのである。

私が倫理学的に興味を持つのは、（1）と（2）のみである。両者に共通なところは、自分はいかなる困窮に陥っても他人から同情されたくない、と望んでいることである。すると、すぐに視線は（2）へと移行していくが、（1）という生き方は充分考えられるし、その具体例もわれわれはわずかながら手にしている（騎士道や武士道はその一例である）。あれほど「貴族」を称賛しながら、ニーチェはなぜ（1）に向かわなかったのか？ ここに、ニーチェの倫理学のある種の不徹底性、さらに穿って言えば、キリスト教道徳という奴隷道徳との意図しない親近性がある。

†同情とアガペー

ニーチェは、弱者に無関心ではいられないのだ。彼らが気に懸って仕方がないのであり、行間には彼らと自分との親和性が響いている。さらに単刀直入に言えば、弱者は彼自身でもある（少なくとも「あった」）。ニーチェがあれほどにも弱者（畜群）を憎むのは、油断すると彼自身がその仲間に転落する恐れがあるからであり、強力な「意志」の力によって彼らを遠ざけなければ、彼はそれに感染する恐れがあるからなのだ。

ニーチェは、「他人からの同情を受けない」という訓練は完全に習得し、自分に同情を与えるような他人を全身で憎悪することに関して揺らぐことはない。この点、ニーチェは確かに貴族的と言えよう。だが、他人に同情することに関してはそうではない。

ところで、きみが悩んでいる友人を持っているなら、彼の悩みにとって休息場であれ。とはいえ、いわば固い寝床、野戦の寝床であれ。そうすれば、きみは最も彼の役に立つであろう。（『ツァラトゥストラ』「同情する者たちについて」）

あらゆる大いなる愛は、さらに赦しと同情を超克する。（同書、同箇所）

あらゆる大いなる愛は、すべての同情という愛よりさらに上にある。というのは、それ

はさらに愛される者を——創造しようと意図するからだ！（同書、同箇所）

以上の引用箇所からもわかる通り、ニーチェは同情しないことを断固と宣言しながら、それは「大いなる愛」という方向に、「すべての同情という愛よりさらに上にある」愛という方向に、すなわちキリスト教の「アガペー」をさらに高める方向に吸収されていくのである。こうしてみると、ニーチェの激しい口調のすぐ下には、キリスト教倫理学のしっかりした構図が透けて見える。

確かに、「アガペー」を媒介項として挟むと、ニーチェが同情を嫌った理由が一層よく見えるようになる。まず、ニーチェはアガペーを声高に喧伝するパウロを嫌った。

たといわたしが、人々の言葉や御使たちの言葉を語っても、もし愛がなければ、わたしは、やかましい鐘や騒がしい鐃鈸《にょう》と同じである。たといまた、わたしに預言する力があり、あらゆる奥義とあらゆる知識とに通じていても、また、山を移すほどの強い信仰があっても、もし愛がなければ、わたしは無に等しい。たといまた、わたしが自分の全財産を人に施しても、また、自分のからだを焼かれるために渡しても、もし愛がなければ、

いっさいは無益である。（『聖書』「コリント人への第一の手紙」一三・一〜三）

このように、いつまでも存続するものは、信仰と希望と愛と、この三つである。このうちで最も大いなるものは、愛である。（同書、同箇所、一三・一三）

パウロの言葉の裏に響き渡るものをしっかりとらえねばならない。それは、「愛（アガペー）」を唱える異様なほどの力強さである。愛そのものは柔和なもの、謙虚なものなのかもしれない。しかし、パウロにかかると、それを語る言葉はきわめて戦闘的であり自己陶酔的なものである。

そして——ここを私は強調したいが——まさにこうしたパウロの戦闘的・自己陶酔的なアガペー賛歌を、ニーチェの「同情批判」すなわち「大いなる愛」賛歌はそのまま引き継いでいるということである。だが、こういう陶酔的愛の賛歌という大枠からはっきり外に踏み出した同情批判があってしかるべきであろう。こうした方向を探るために、そもそもニーチェの同情批判がショーペンハウアーの同情論に向けられていたことを想い起こそう。

†シェーラーの同情批判

自分に対して誠実であれという完全義務と他人に対して幸福を望むという不完全義務とのぶつかり合いにおいて、カントが前者を優先したのに対して、ショーペンハウアーは後者を優先した。ショーペンハウアーによると、困窮している他者に同情することは、自分に対する誠実性の原則をも凌駕する最高原則なのである。先の偽証の例を持ち出せば、私が、独裁者から偽証を迫られ、そうしないと友人を殺すと脅迫された場合、カントによれば、私はそれでも偽証をすべきではないという結論が直ちに導かれる。だが、ショーペンハウアーによれば、友人への同情から、私は偽証をしてはならないのだ。

マックス・シェーラーはショーペンハウアーの同情論を次のように批判している

> ショーペンハウアーは、「追感得」と「共同感情」とを不明確に一つにしてしまったので、本性上行為を伴わない「追感得」を、真の「共苦」と同じものとみなさざるをえなかったのである。さらに彼の理論は、その叙述において、おぼろげなかたちではあるが、他人の苦しみに対する残忍な快を垣間見させるという特徴を具えている。（『同情の本質

と諸形式』青木茂・小森茂訳、白水社）

彼の眼は、もろもろの積極的な価値に対して、また彼の周りの喜びと幸せに対してすら、直ちに盲目的になってしまう。苦しみを見ようとする彼の態度は、苦しみを追感得する彼の病的願望にたえず新たな機会を提供する方向にのみその注意を向けている。（同訳書）

この批判は妥当であるように思われる。ショーペンハウアーは、気づかないうちに、自分の周囲に苦しんでいる人を執拗に求めるようになり、その人の「苦しみ」を共有することによって、何らかの「快」を得てしまっている。そこには、自分は本来苦しまなくていいはずなのに、苦しんでいる人に同情（同苦）することができること（自分は優れた者であること）に対する自己満足と、自分は現に眼前の人が被っている苦しみに陥っていないという満足感が息づいているのだ。

健常者が盲人に同情しても、健常者が盲人になるわけでも、盲人の目が見えるようになるわけでもない。健常者の目が見え、盲人の目が見えないことは変わらない。言いかえれば、同情する者は最も根本的な事態が変わらないにもかかわらず、同情するという自分の傲慢さを、あえて言えば自己欺瞞を骨の髄まで自覚するべきなのである。

したがって、共同感情はショーペンハウアーやハルトマンの主張に見られるような、人格の本質的同一性を示しているわけではなく、むしろ反対に、真の共同感情こそ純粋な本質的差異性を（これがまた人格の実在的現存在の差異性を示す究極的根拠でもある）あらかじめ前提している。（同訳書）

同情する者が真っ先に知らねばならないこと、それは自分は目前の他人と融合できないこと、彼（女）の立場と交換できないこと、その意味で他人を根本的には救えないこと、このことを肝に銘じることである。この鮮明な自覚に基づいて、だからこそ、その人に対して、どんな小さなことでもいいから「何かをしてやりたい」という同情心が湧き上がるはずなのだ。

†冷淡かつ道徳的な行為

同情する者の自己欺瞞を避けるという観点から、被差別者や困窮している人には、（内面的な）同情はしなくていいから、（外面的な）物質的援助をするだけでいい、という考えがふたたび前景に出てくる。

カントは『人倫の形而上学への基礎づけ』において同情それ自体を道徳的ではないとして、とくに押しつけがましい「博愛家（Menschenfreund）」を嫌悪している。しかし、同情が輝きを持つ場合がある。カントは、そういう場合の事例を二つ挙げている。

そこで、先の博愛家の心が、もはや他人の運命に対する同情をまったく消失させるほど、自分自身の苦悩によって曇らされたと仮定してみよう。彼はまだ困窮者に親切にする能力を持ってはいるが、彼は、自分自身の苦労だけで精いっぱいだから、他人の苦労はもはや彼の心を動かさない。ところで、いかなる傾向性も彼を刺激したわけでもないのに、彼がこういう死んだような無感動状態から脱出して、いかなる傾向性によってでもなく、もっぱら義務から行為するならば、そのときこそ、その行為は何よりも正当な道徳的価値を持つ。

自分が生きるのに精いっぱいであるときに、他人に同情すること、他人の幸福を願うこと、他人に助力すること、これはカントによれば、「正当な道徳的価値を持つ」。今回の地震でも、国内や外国の救援隊の人に、着の身着のままの被災者が「よくやって来てくれました」とおにぎりを作ってあげたり、水を飲ましてあげたり、……との報道が流れたが、私は彼らを心から尊敬したものである。タイタニック号の沈没のさいに、自分はボートに乗らずに、誰かに席を譲る、パンが一つしかないときに、自分は餓死してもいいから、そのパンを誰かにあげる……こういう自己犠牲的行為は道徳的であり、この辺りの感受性はまさにアガペーとぴったり重なる。

どうして、こういう行為ができるのか？　その人が「強い」からである。実際に強いというより、自分はより強いから我慢でき、他人はより弱いから我慢できない、という図式を適用しようとしているからである。こういう形で自他のあいだに不平等を設定すること、自分を他人より辛い、厳しい立場に持っていくことこそ、道徳的だと言えよう。

カントが挙げる第二の事例は、（カント自身のような感じがするのだが）次のものである。

自然が、あれこれの人の心に同情心をほとんどまったく与えなかったとする、すなわち、彼は（誠実な男だが）冷たい気質であり、他人の苦悩には無関心であるとする。それは彼が、自分自身の苦悩に対して、忍耐強さと我慢強さという特別の天分に恵まれているので、すべての人が彼と同じ能力を持つことを前提し、すべての人にその能力を要求するからかもしれない。ところで、自然がこうした男（実際のところ、自然の最悪の産物ではないだろう）を、博愛家に創り上げなかったとしても、彼は温和な気質の人の価値よりもはるかに高い価値を自分自身に与えるような源泉を、自分のうちに見いだすのではないだろうか。その通りだ！　まさにここに、道徳的であり、比較を絶して最高である性格の価値、すなわち、傾向性からではなく義務から他人に親切にするということが生ずるのである。

もともと他人に対する情愛の感情が希薄な男、俗にいう「冷たい男」がいるとしよう。ストア派の賢人のように、自分はいかなる艱難辛苦にも耐えることができるほど修行した男であるが、そうではない弱い他人たちに冷たい態度を保ったまま親切を尽くす。この男の振舞いは「道徳的であり、比較を絶して最高である」とカントは言うのだ。

彼は、思わず親切にするのではない。「同情＝同苦」の原初的意味からして、彼は弱い他人に共感できないし、身体の底から湧き出す感情によって、「かわいそうだ」とも思わない。しかし、自分は強く、援助できる立場にいるがゆえに、弱者に対する義務と同時に自分に対する義務から、彼らに何らかの援助をする。この場合、決定的なことは、彼はけっして感謝されようとして、尊敬されようとして、すなわち究極のところトクだから、苦しむ他人に対して親切にするのではない、ということである。

†第三の道

しかし、同情する相手にあえて冷淡にする必要もないのではないか？　相手に対して、ただ外形的・義務的・機械的に援助するのでもなく、相手に「喜んでもらう」ことをはじめ、いかなる見返りも求めない同情の仕方（第三の道）があるのではないか？　さらに一歩踏み込んで考えてみなければならない。

シェーラーの強調するように、各人は他人を根本的には救えないことを腹の底まで知ったうえであえて他人に同情するという選択肢は可能であり、ニーチェが目を向けていたら、同情に関する硬い否定的見解も変わったことであろう。

ニーチェが同情をあれほど嫌ったのは、「人は他人を根本的には救えない」ことを忘却した同情賛歌がまかり通っているからなのだ。ニーチェの思想からは、時折「反対の一致」のごとくパウロが語ったとしてもおかしくなさそうな語句を見いだすことができる（まさに同情論がそうである）。シェーラーの指摘を待つまでもなく、パウロは「人は他人を根本的には救えない」ことを知っていた（これにパウロの場合、「神からの力がなければ」と続くのだが）。

人間が真の意味で他人を救うことが「できない」ことは当然である。本来の意味でその人自身しかおのれを救えないのであって、他人はそれを期待することができるだけである。ここに見逃してならないのは、ニーチェは各人のうちにあるおのれを救う「力」を認めているということである。各人は（いかなる弱者でも）本来的に自力で立ち直る力を有しているのだが、ほかならぬ同情（とくに浅薄な同情）がそれを削ぎ落としてしまうのだ。

ニーチェは可能性としての人間に賭けていた。これは「神からの力」ではないが、本当に自分を知ったときの力として、「神からの力」と紙一重であろう。それはカントの「叡知的性格（intelligibler Charakter）」にも似て、きわめて理想主義的でありきわめてオプティミスティクである。いかなる人間でも、いかなる畜群でも、同情を受けないで立ちあがり生き抜く力を具えている。あるいは、人間性を汚さないで死ぬ力を具えている。生きることそのことより害悪なのは、卑劣な生き方をすることなのである。

ニーチェは、ある人Aがある人Bに同情すると、Bは、そのときはAに感謝しても、次にもAに同情を要求し、それが与えられないとAを憎むようになり、こうして、Bは同情されたがゆえに人間的にますます弱く卑劣になっていく、と断定する。同情する者Aは、同情することによって、（根本的には他人を救うことができないにもかかわらず）相手を自分より低い者と見てしまい、自分を相手より高い者と見てしまう。このことによって、Aは誠実さを失い卑劣になっていく、と断ずる。

こう語るニーチェは（あれほど嫌った）カントの直弟子であり、前にも書いたが（『ニーチェ――ニヒリズムを生きる』河出書房新社）、カントの道徳的善さは、ひとえに「誠実性＝真実性」に収斂するが、ニーチェが認める最大の価値もじつは「誠実性」なのである。そして、この両者は（ニーチェが悪の権化のように嫌悪する）パウロにまっすぐつながっている。

「誠実性」という概念から照らし返せば、パウロ、カント、ニーチェの外面的相違は些細なものである。パウロは殉教を望んだ。いかなる場合もダマスコで顕現したイエスを信じ、その真実を貫くこと、それは（私の判定では）オリンポスの神々より、アレクサンダー大王より、他の誰より、はるかに超人に近い生き方である。

　カントはずっと世俗化しているが、やはり「殺されても偽証をするな」というのが彼の道徳的善さのモデルである。いかなる状況においても踏み絵を踏んではならない、ということであり、まさにイエスを裏切るより殉教を勧めている。

　そして、ニーチェもまさにその通りであり、キリスト教の聖者たちの殉教を嫌いつつ、「神は死んだ」という唯一の真実、言いかえれば「永遠回帰（ewige Wiederkunft）」という唯一の真実をずっと見据えて生きよ、と言う。それが誠実に生きることであり、その力を得ることこそ「力への意志」なのである。

　しかし、同情にはこういうダイナミズムのみが支配しているわけではあるまい。同情にも第三の道が開かれるのではないか？　同情されたBが同情したAに感謝しつつも、Aに（あるいは他の人に対して）さらなる同情を求めないという道である。このことを、ニーチェはありえないかのごとく論じているが、この程度に賢く強い人はいるはずである。

　同情を受けたときの屈辱が身に染みて、二度と同情にすがることはやめようという人、同情される境遇に落ちることを警戒する人、こういう人は「畜群」から抜け出ている。つまり、同情されたとき以降の身の処し方で、「畜群」に留まるか、それ以上に出るかが決まるのではないだろうか？　同情を受けたことは不覚であったけれど、そうしなければ生きていけなかった、よって、そのとき自分に同情してくれた人に対する感謝の念は死ぬまで忘れない、しかし、それはやはり辛いことであり、この辛さを思っても、二度と同情を仰いではならない。こういう考えは健全であり、いかに弱い人でも、自分を叱咤激励すればできるはずである。

このことを、同情を与える側から見直してみよう。同情することは、必ずしもニーチェの言うように、相手を見下し、自分を高みに置くとは限らない。相手に感謝の念を要求するとは限らない。わずかにそういう感じが襲ってきたときには、それを払いのけて自分を責め、安直に他人に同情してはならないと心に決める。こうして、常に自分の心の動きを監視している人、そういう人がきわめて困窮した人に同情することは必ずしも悪ではないかもしれない。

こうして、誰でも自分に謙虚になれば、第三の道を進むことができるのである。

†原罪

先に（第2章で）ちょっと足を踏み入れたが、自分の誠実性を貫くことと他人の幸福を求めることとが衝突するとき、安直に後者を優先するなと言うにとどまり、決定的な解決はない。まさに、われわれはここで原罪を思い知らされる。最後に、こうした観点から同情を見直してみよう。

他人に同情するという行為は、そこにいかなるソン・トク勘定もはたらいておらず、「誠実性」があれば、さしあたり道徳的な悪から免れているであろう。だが、その結果、他人を不幸に陥れることもありうるのだから、その災いをも考慮に入れなければならない。いかに真摯な気持ちで他人に同情しても、当人から恨まれても、非難されても仕方ないと覚悟しているとき（一般に人は他人に何かするから非難されるのであって、何もしなければ非難されることもない）、その同情はさらに誠実なものとなるであろう。

カントは見抜いているが、「誠実であること」は各自が自分の胸に手を当てればわかることではない。それは、最後までわからないのだ。とすれば、さしあたり「自分は誠実ではない」と決めてかかって、「自分は不純である」と決めてかかって、他人に同情すべきではないのか？　そうすれば、同情した人から恨まれても、自分の行為が社会的に非難されても受け止めることができるであろう。

これに関して、最後に、「かわいそうに思う」ないし「哀れに思う」という視点から同情を見返してみよう。目の前で白い杖を突いている子供を見ると、私は胸が張り裂けそうになる。この前、テレビで、視覚障害の子供たちのために、触覚によって判別することのできる教材や玩具を開発しているというニュースを見た。小学校一年生くらいの男の子たちが二〇センチメートルくらいの材木でできた精巧なスカイツリーの模型を争うように手にして、「すげー、すげー」と叫んでいた。そうしてはいけないと思いつつ、私の眼には涙があふれてきた。

同情しなくても、それをバネに立ち直れる人はそれを期待してもいい。しかし、自力では立ち直れない人もいるのだ。確かに、盲人が不幸とは限らないし、そういう大前提で物事を割り切っている健常者は傲慢である。また、いかに精巧な模型を準備しても、眼が見えるわけではない。だが、だからと言ってそのままにしていいとも思われない。

神谷美恵子はハンセン氏病患者を隔離する島に渡り、そこで医学的かつ精神的に献身的な働きをした。「らいの人に」という詩より。

なぜ私たちではなくてあなたが?
あなたは代わって下さったのだ

代わって人としてあらゆるものを奪われ
地獄の責め苦を悩みぬいて下さったのだ

ゆるして下さい　らいの人よ
浅く、かろく、生の海の面に浮かびただよい
そこはかとなく　神だの霊魂だのと
きこえよいことばをあやつる私たちを（『人間をみつめて』みすず書房）

襟を正さずにはおられないとは、このことである。なぜか、クリスチャンではない私にキリスト教の原罪思想だけはよくわかる。各人は、自分に（普通の意味において）責任のないことにおいて罰を受けている、ということである。しかも、なぜかより重い罰を受けている人とより軽い罰を受けている人がいる。

カントはこれを「根本悪」と称して解釈し直した。テーマを同情に戻せば、不幸な人に同情するさいに、誠実でありさえすればいいのではない。誠実に（本心から）言葉を吐いたがゆえに他人をひどく傷つけることもある。本心を隠蔽して「当たり障りのない言葉」

を選んだがゆえに他人に感謝されることもある。

他人は、まさに他人であるがゆえに、その効果を見抜けないのだ。そして、ここに問題が広がる。人生の選択はほとんどその結果がわからないものである。しかし、われわれは選択しなくてはならないことがある。完全な善意から出たことでも、会社を倒産させるかもしれない。恋人を自殺に追い込むかもしれない。悪意から出たことでも、みんなから感謝されるかもしれない。こうした状況に投げ込まれていること、それがカントによれば原罪なのである。

言いかえれば、みな自分の幸福、自分の愛する者、自分にとって大切な者の幸福を願って行為するのだが、まさにそのことが他の人々を不幸にするのであり、さらに自分の誠実さを侵害するのだ。誰もこの残酷な構図から抜け出すことはできない。しかも、真剣に生きれば生きるほど、この残酷な構図はますます研ぎ澄まされ、われわれを悪に駆り立てる。生きるとは、この構図のうちで生きることであり、よって、誰も彼も罪を免れてはいないのだ。わかりやすいことではないか？　とすると、せめて「よりよく」生きようとするのであれば、このことを身体の底まで自覚すること以外ないのではないか？

第5章

（自他の）孤独を尊重する

†〈絆〉と孤独とのあいだ

私は一人でいることが好きである。だが、仕事仲間もたくさんいて、友達も少なくない。この事実をマジョリティはなかなかわかってくれない。いや、わかろうとしない。基本的に孤独を好む人でも、時には他人と交わりたいと願うことはあるのに、それをどうしても許してくれないのである。孤独を好む人はずっと孤独でなければならない、孤独と非孤独とのあいだを揺れてはならない、と決めてかかっているのだから。

私は二〇年前くらいから徐々にお祝いごとがすべてイヤになった。自分に関するお祝いはここ三〇年間したことがないのだが、だからこそ、いかなる他人のお祝いにも参加しないという無礼が許されている（から、招待状も来なくなった）。

クラス会や同窓会にはまったく行く気がない（し、招待状もここ四〇年くらい来ていない）。三〇年ぶりに大学のときの同級生と会ったとして、五〇年ぶりで高校の仲間に会ったとして、六〇年ぶりに小学校のクラスメートに会ったとして、何が面白いだろうか？「あのとき、どうした、このときどうした」と当時の面影もない爺さんや婆さんと話し合っても、虚しいだけである。

私は基本的に学校がイヤだったので、とくにそうなのかもしれない。私は子供のころ、若いころはとくにそうだったが、かつての自分、いや自分の置かれていた世界に対して何の愛着もないどころか、かえって嫌悪感を覚えているので、誰に会っても懐かしくないどころか、その同じ世界に生きていた人間として嫌悪感を覚える。親戚づきあいはもともとないので（何度も書いたように、親が禁じていたので）誰が生きているのかさえ、まったくわからない。そして、このすべては、とてもいいことだと思っている。

『武士の家計簿』（磯田道史、新潮新書）によると、武士の生活は大変な親戚づきあいで、出費もかさみ時間も取られ……ということらしいのだが、現代においても、普通の男女は年を重ねるにつれて、こうした儀礼的付き合いが増すのではないか。その点、私の場合、親の法事にさえ行かないし、知人の結婚式は当然のことながら、甥や姪の結婚式にさえ参加しないので、また世話になった教授たちの葬式にさえ参加しないので、本当にラクである。

だが、私は長いあいだ人間関係のネットワークを丹念に築いてきたので、それも「わがまま」な人の集まりなので、基本的には誰にも会いたくないけれど、一年に一度会ってもいいような知人・友人はたくさんいる。というわけで、本章では、「居心地のいい孤独」

について探究してみよう。

†自発的孤独

カントは『判断力批判』の中で次のように言っている。

自足していて、従って社会を必要とせず、とはいえ非社交的ではなく、すなわち社会から逃避するのではない状態、これには、いかなる点でも欲求を超えている状態と同じく何か崇高に近いものがある。

これは、私の言葉に直すと「自発的孤独」であって、これこそある種の人にとって生き方の理想かもしれない。だが、それには数々の条件が必要である。社会的適性がないと自覚している人、他人と適度に歩調を合わせることができない人は、ただ社会の重圧に喘いでいるだけではなく、孤独に憧れるだけではなく、長い時間をかけて意図的計画的に社会から独立すること、社会に対してあらゆる欲求を捨てること、すなわちあくまでも孤独を「みずから選び取る」ことが大切なのである。

「ひとりでいたい」という人間本来の欲望を理解しようとするかしないかによって、その人の精神の質が問われるのではないかとさえ思われる。この試金石によって、ある人の精神がどれだけ鍛えられているのかが現れ出るのである。「鍛えられている」とは、周囲の他人ひとりひとりをよく見ていること、慣習に流されないことであり、そのうえで絶えず思考を練っていることである。

私には高すぎる境地であるが、ここでふたたびマザー・テレサの言葉を挙げてみる。

心の静けさは必要です。そうすれば、どんなところでも神の声を聞くことができます。ドアを閉めた静かな部屋の中だけではなく、あなたを必要としている人たちの中においても聞こえます。さえずっている鳥や花や動物たちの中においてもです。(前掲書)

経済的かつ精神的支えがあれば、ひとりで生きることは楽しいことだし、誰にも迷惑をかけないし、けっして非難されるべきことではない。こうして、私なりに味つけした「自発的孤独」の二本の柱は次のようになる。

（1）自分がひとりでいたいときには誰をも寄せつけない。
（2）自分が誰かに会いたいときにも会えないことに耐える。

実際、会社にいても、大学にいても、この条件は充たされないであろう。社会とは、こういう「わがまま」を許してはくれず、「ひとりでいたいなら、ずっとひとりでいろ！」、そして「ひとりでいたくないのなら、みんなと合わせろ！」という単純な規則を押しつける所なのである。人間とは、とりたてて理由もなく、他人が煩わしいことがあるものである。それを自覚している人はやはり人間として優れた質の持ち主と言っていいだろう。逆に、自分もじつはそういうときがあるのに、それを「いけないこと」だとして圧殺し、その勢いで他人がそういう気持ちになるときも承認しない人がいる。

これに関連して、苦しいとき辛いときに、「慰め」を望む人がすべてではない。慰めを望まない人もいるし、慰めを望まない場合もあるのだ。苦しみにひとりで浸っていたいときもあり、辛さにひとりで向き合っていたい場合もあるのだ。こうした考えにより、私は、（先の同情論に通ずるが）相手が望まない限り、どんなに苦しかろうと想像する場合でも、いやそう想像すればするほど、その人にはいかなる慰めの振舞いもせず慰めの言葉も掛けない。とくに慰めの言葉は、相手がそれを望んでいることがはっきりしても掛けないことが多い。多くの場合、その中には一抹の嘘が、不純物が含まれているからである。

もちろん、こうした信条を貫くには、くれぐれも（2）を忘れてはならない。誰をも寄せつけないことが成功し、誰かが苦しいときでも慰めの言葉を掛けないことを貫き通し、そのあげく、誰かに会いたいと思っても誰も会ってくれないかもしれない。だが、それでいいのである。

そのうち、あなたが何の下心もなく、どこまでも真摯に振舞っているならば、自分は「普通人」として振舞いながらも、あなたの「自発的孤独」を理解する人がきっと現われるであろう。そして、同じように、世の中のしがらみ（すなわち〈絆〉）に痛めつけられた「自発的孤独」を享受する仲間も現われるかもしれない。

†おもてなし

ここで意図的に、メインロードを逸れて小道に入る。

二〇二〇年の東京オリンピックが決まったときから、（「家族」と並んで）「おもてなし」が掛け値なしの「よい言葉」となった感がある。確かに、諸外国を巡ってみればわかるが、日本の商品は信頼できる良質のものであり、親切きわまりない接客態度は、他国の追随を許さないレベルに達している。来日した外国人が感動するのも「さもありなん」と思われる。だが、日本的「おもてなし」にも死角がある。いや、私にはその死角のみが見えてしまうのだ。

先に騒音について述べたが、日本的親切はどんどん「外から」各人の身体内に侵入してくる。東京駅で東海道・山陽新幹線を利用すると、座席についてから品川を過ぎるあたりまで、えんえんと列車の車両構成や停車駅、それに到着時刻などが放送される（一五分？）。よく調べて乗車している（私のような）乗客にとっては単なる雑音なのであるが、それを抗議してもも相手にしてもらえない。つまり、日本的「おもてなし」は、マジョリティの感受性に沿ったものであって、それからちょっとでもズレるとたいそう苦しいものになるのだ。

音ばかりではない。なぜ、東京の夜はあれほど明るいのであろう？　けばけばしいネオンサインは論外として、各店舗はなぜあれほどの照明を輝かせるのであろう？　文房具屋や薬屋はサングラスを着用しなければ入れないほどの煌々たる光の渦であり、すべての街路灯は充分明るいときから点いていて、ちょっと曇るとホームの蛍光灯は一斉にともされ、日がカンカン照りのときでさえ各車両内部の蛍光灯は白々と点いている。これらを一斉に消せば、原発の一つや二つは必要ないのではないかと思うが、議論はけっしてこういう方向には進まないのだ。みな明るいことが好きなのである。夜はなるべく暗いほうがいいと思う私は、こうした「おもてなし」にはうんざりするが、変えることはできない。

こまごました日本的サービスに対する不満ならいくらでもある。私は雨の日に定期購読の新聞紙がビニールに包まれているのが嫌いである。ビニールが取りにくいからであり、そういう配慮に押し付けがましさを感ずるからである。しかし、わが家にだけこのサービスをやめてもらうように頼むことは難しい。同じジャンルに入るが、パンを買うとき、一つひとつ丁寧に白い紙でくるみ、さらにビニール袋に入れる手間が鬱陶しい。一度それをやめてすべてのパンをどさっと一つの袋に入れるように頼んだことがあったが、店員には通じなかった。

テレビの天気予報も、いつからであろうか、気温だけ伝えればいいのに、「今日は厚手のコートが必要です」とか「上着を用意しておきましょう」とか「しっかりした傘を用意しましょう」といった補足が付くのである。テレビだから見なければいいのだが、体感は人によって異なるのだから、やめてもらいたいといつも思っている。

「おもてなし」は、相手（お客さま）に合わせると言っても、その相手はマジョリティでしかない。「痒いところに手の届くサービス」と言っても、その痒さは「普通の」痒さでしかない。その結果、（私のような）感受性のマイノリティは、この国ではいつも苦しい「おもてなし」を受けねばならないことになるのだ。

さらに、わが国では家に閉じこもっていても、防災行政無線からの「よい子のみなさん、おうちに帰りましょう」だの、警察のパトカーからの「振り込め詐欺に注意しましょう」だの、選挙カーからの「〇〇〇〇にお願いします」だの、不用品回収だの、秋の交通安全運動だの、歳末防火運動だの……夥しい放送が壁を破って身体に侵入してきて、ただの物理的意味でも自発的に孤独になることをほとんど許してくれないのである。

✝シャルドンヌ

次に別の小道をたどろう。

『愛をめぐる随想』で有名なシャルドンヌは、大変な人間通であるが、本書のあるところで次のように語っている。

隠れ家に引きこもっている孤独者たちは、人を避けているのではない。論より証拠、ひょっくりその連中に出会ってみたまえ、とても嬉しそうな愛嬌を見せたり、心のこもったもてなしをしたり、あけすけな、情愛の深い、物のわかった話をするのは、きっとそういう孤独者のほうなのだ。（神西清訳）

これは、うまく分析できる。とくに「自発的孤独者」はきわめて繊細であり人間に興味を持っている人が多い。他人に配慮し、他人を不快にさせないように最大の注意を払っている。しかし、それは自分を不快にするという代償を（少なくとも幾分か）払ってでないと実現できない。他人の快に合わせようとすると自分が（少なくとも幾分か）不快になることがおうおうにしてある。他人におもねることをやめようと思いながら、おもねっている自分を見いだして、不快になることもある。

なかでも鈍感な善人は「調整」を知らない。例えば、私はまさにシャルドンヌが描くような「孤独者」であって、「哲学塾」で講義するとき以外はほとんど完全な引きこもり状態である（一日中妻以外の人と話さないことが多い。しょっちゅう喧嘩をしているので妻とも話さないことが少なくない）が、それを知らない他人がふいに訪れると、「とても嬉しそうな愛嬌を見せたり、心のこもったもてなしをしたり、あけすけな、情愛の深い、物のわかった話をする」こともある。それは、いやいやながらではない。自分でもなぜかと思うくらい親身に歓待する。しかし、だからといって、目前の他人に大いなる興味を覚えているわけではなく、ただ彼（女）が、無聊を慰めているちょうどそのときに、来たから歓迎しているだけなのである。

だから、同じ人が（味をしめて？）数日後にまたやって来るとしても、そのときはいつものように誰にも会いたくないときであるから、私は困惑し彼（女）に対して不快な態度を隠すことはできないのだ。だが、誰でも（とりわけ善人は）こうした「豹変」を許してはくれない。一度「心の扉」を開けると、「中島さん、じつはいい人なんですね、人なつっこいですね」と決めつけ、さらには「本に書いてあることは嘘なんですね」という「暴言」まで吐いて、その扉をこじ開けて私を「まともな世界」に誘導しようとする。時ここに至って、仕方なく私は彼（女）に向かって（婉曲的に）本当のことを言わざるをえないのだ。とはいえ、これが通ずることはまずなく、私は「とうてい付き合いきれない偏屈者」とみなされて、彼（女）をひどく傷つけ、彼（女）から激しく憎まれることになるのである。

こういうことが、同じ戯曲を演ずるように、何度もたび重なるうちに、私は（とりわけ鈍感な善人に対しては）「心の扉」を開けないように細心の要心をするようになった。そして、こういう私の「システム」をある程度わかってくれる人、あるいは天性において繊細な人とのみ付き合うようにしたのである。

†受動的孤独

ここで、ふたたびメインロードに戻る。

シャルドンヌの分析が仄めかすように、孤独な人のほとんどは孤独を「悠々自適の境地で楽しんでいる」わけではない。ただ、すでに述べたように、マジョリティは適度に孤独を保つことを許してくれないから、絶え間なく他人が介入する状態を忌避するためには、意図せずに完全な孤独状態を選択するしかないのだ。

すなわち、多くの孤独者は完全に自発的に孤独を選び取っていないという意味で「受動的孤独者」である。カントは先の引用箇所に続けて次のように言う。

これに反して、人間を敵視するがゆえの人間嫌いによって、あるいは人間を自分の敵として恐れるがゆえの人間恐怖（人間に対する怖気づき）によって、人間から逃避するのは、醜いし軽蔑に値いすることである。

カントはあっさりとこういう受動的孤独を裁いているが、孤独を自発的孤独と受動的孤独に二分して論じている点は周到ではないように思う。たび重なる他人からのむごい仕打ちによって、人間嫌いになった人は、それなりの被害者であって、その点を斟酌すれば大上段から構えて「醜いし軽蔑に値いする」と断定することはないのかもしれない。

しかし、たとえそうであるとしても、「受動的孤独」に陥った人は、意図せず孤独を強いられているのであるから、その結果「人間嫌い」とか「人間恐怖」という名のもとに人間を固まったイメージでとらえてしまっていることが多い。先の言葉を使えば、そうした孤独者は「繊細な精神」を失っている、いやみずから破壊しているのだ。このことを自覚しないと、たとえ当人が「正しい」と信じているとしても、ここに開かれているのは自滅の道以外の何ものでもない。自滅してもいいのかもしれない。だが受動的孤独者は、——カントとともに考えると——もはやそれ以上自分が傷つかないために、さらに不幸にならないために（のみ）孤独を選んでいる。やはり、幸福を誠実性の上に持ってくるという

「転倒」を犯しているのだ。

せめて、当人に誠実さの一抹でも残っていれば、「人間は信じられない」とか「人間は汚い」と言いながら、自分がその人間の一員であることを忘れるはずはない。そう言いながら、自分は信じられないことはない、自分は汚いことはない、と思い込んでいるなら、未成熟の証拠である。「自分も含めて、人間は信じられない」とか「自分も含めて、人間は汚い」と言っているのなら（後に触れるが）孤独の相貌も変わってくるであろう。

こう書いてきて気づくのだが、いわゆる「善人」は、「自分を含めて人間は信じられる」とか「自分を含めてみんないい人だ」と思い込んでいる。いや、もっと正確に言おう。「善人」は、そうではない現実を知っているのだがそう思い込むことに全力を尽くしているのだ。なぜ、このような努力をするのか？　ニーチェとともに言えば、ひとえに「弱い」からである。悪人が自分の前後左右にうじゃうじゃいると考えるだけで「怖い」からである。いつも安心していたいからである。しかも特別の努力もせず、身を投げ出すこともせず、いかなるソンを受けることもなく。

それには、「自分を含めて人間は信じられる」とか「自分を含めてみんないい人だ」と思い込むにしくはない。そう思い込むことはとっても簡単で、しかも全力と言ったって、いかなる犠牲も払わなくていい。とてもラクなのである。よって、相当したたかで、それが思い込みであることを自覚することは無限に難しい。こういう人が、掛け値なしの善人なのである。とはいえ、サルトルによればこの思い込みも「企て（projet）」なのである。

要するに、自己欺瞞は外から人間存在にやって来るのではない。（中略）そうではなく、意識はみずから好んで自己欺瞞を自分にあてがうのである。ある最初の意図、一つの自己欺瞞的な企てが必要である。この企ては自己欺瞞を自己欺瞞として了解しているはずであり、また自己欺瞞を生み出すものとしての意識（についての）反省以前的な把握を含んでいる。（『存在と無』I　松浪信三郎訳、ちくま学芸文庫）

善人はさらに善人教を布教しようとする。これも一見おずおずとであって、じつは傲岸不遜なのであるが。すなわち、善人は「心温まるお話」が大好きであり、他人をなるべく「よく解釈すること」が大好きである。誰かがAの悪口を言っていると、「そんな人じゃないわよ」（どうしても女性のイメージが浮かんでしまうので）とAを弁護し、Aのよいところを数え上げ……そのあげくにAの悪行が顕わになると、今度は、何かの間違いではないかと悲しそうな顔をするだけである。

おうおうにして善人は、孤独とは「受動的孤独」しかない、と決め込んでいる。孤独な人はみな世をすねているのであり、「あまりにも不器用であるゆえに」冷酷な世の中の被害者なのであり、「本当は」心が休まる〈絆〉を求めているのだ。こうした麗しいストーリーを勝手に打ち立てて、彼（彼女）は、優しい眼差しで受動的孤独者を見つめる。どこまでも暴力的な決めつけであり、柔和な外見を一皮めくれば、揺らぐことのない確信が硬い身体を形成している。

先に、孤独についてどれだけ理解力があるかが人間の質のカギであると言ったが、視点を変えてみれば、世の中の一般的風潮に対してどれだけ批判精神を持ち得るかが人間精神の質のカギである。批判的態度を持ち続ける人の精神は上質であり、切り捨てる人の精神は質が劣っている。

その時代において「善い」とみなされることを遂行するのはきわめて容易であり、自然の褒美として賞賛がつきまとう。だが、時代に逆らって「善い」と確信することを遂行することには困難が待ち受けている。戦前のわが国において「お国のために戦う」ことに疑問を持つこと、ましてそれを語ることはなんと難しかったことだろうか。同じように、現代日本で〈絆〉や「家族」の称賛に対して疑問を持つこと、ましてそれを語ることは、とてつもなく難しいのであり、だから価値があるのだ。

†自発的・受動的孤独

自発的孤独の一種か変種かわからないが、私が提唱したい孤独は、以上二種類の孤独と微妙にかつ大幅に異なっている。それは、「自発的孤独」ほど勇ましくも自己肯定的でもなく、「受動的孤独」ほど臆病でもなく、それはどちらかと言うと自己肯定的であるが、けっして人間否定的ではない。善人が支配権を有している世間とはどうしても折り合いが悪いのだが、といって、世間を大改革する気力もなく、世間が正しいか、自分が正しいかは「括弧に入れ」たうえで、自分に火の粉がふりかからないほどに、世間とはほどほどに離れている。世間が、自分を排斥することも「理に適っている」と思い、世間の価値観からすると、自分は「下」に位置することもわかっている。

こうして、世間の規準では、自分はダメ人間であることを受け入れ、しかも、それは所詮世間の規準にすぎないということも知っている。善人という他人も嫌いだけれど、自分も大嫌いなのだ。他人は恐ろしいけれど、何をするかわからない自分も無性に恐ろしい。

いや、あらゆる人間のうち一番嫌いなのは自分であり、次がありとあらゆる他人なのだ。一番恐ろしいのは自分であり、次にありとあらゆる他人なのだ。一番信じられないのは自分であり、次にありとあらゆる他人なのだ。

それでもひとりでいるときは、まだましである。他人との関係に入ると、他人も被害者であるし、自分も被害者になる。よって、「ひとりでいる」のである。他人も悪い奴だらけであるが、自分があまりにも悪い奴なので、他人とうまくいかないことを自覚して、人間から離れていく。じつは、こうしたことこそ、私が提案する孤独のもう一つの生き方なのだ。それは自発的孤独の一種かもしれないけれど、やはり社会生活に適応できなかったという受動的要素もあり、いわば両者の統合といった孤独である。

第6章

生命は最高の価値か？

†自殺してはならない理由

カントは『人倫の形而上学への基礎づけ』において、自分に対する完全義務の事例として、「自殺してはならない」を挙げている。その理由づけは確固たるものではないが、大きく二つ挙げられるのではないか？

（1）自殺する動機は広く生きることが苦痛だからであり、それは裏返しの快楽主義であるから。

（2）われわれ人間の義務は生きている限り道徳的完全性を目指すことであり、自殺するのはこの義務を途中で放棄することであるから。

だが、これらに納得する人がいるだろうか？　現代日本のみではなく、これら二つの理由は、いつの時代においても自殺を試みる人を思いとどまらせる力を持っていないであろう。カントの自殺否定論は彼の倫理学から整合的に導出されるわけではなく、むしろキリスト教（ピエティスムス）の思想的背景に支えられているにすぎないように思われる。

そして、特筆すべきであるが、「自殺してはならない」という義務には、「生命が最も重要である」という理由が含まれていないことである。この辺りから、なぜ自殺してはならないのか、なぜ、いかに苦しくても辛くても生きなければならないのか、あらためて考えてみることにする。

パウル・メンツァーによって編集されたカントの『倫理学講義』において、カントは次のように宣言している。

…世界には生命よりもはるかに重要なものがたくさんある。道徳性を守ることはそれよりはるかに重要である。（「自殺について」）

われわれの生命に配慮するという義務に関して、われわれは、生命はそれ自身としては、われわれに委託され、またわれわれがそれに配慮すべき最高の価値ではない、ということに気づく。（「自分の生命に配慮することについて」）

もし、ある人がもうこれ以上尊敬に値するように（ehrenwert）生きえないならば、彼

はまったく生きるに値しない。（同箇所）

カントによれば、われわれは「尊敬に値するように生きる」ことができない場合、生命を放棄することが許される、いやそうすべきでさえあるのだ。では、「尊敬に値するように生きる」とはいかなることか？　さしあたりカント倫理学の基本構図から忖度するに、幸福より「誠実性＝真実性」を優位に置くように生きること、いかなる幸福を犠牲にしても、（ウィリアム・テルのように）たとえ息子が死ぬという危機状態にあろうとも、みずから（道徳的に）善いと信じていることを放棄しないで生きることである。

この思想は、われわれが真摯にみずからを反省すれば、「誠実性＝真実性」の内容は無限に拡散せずに一定の方向に収斂するという「理性信仰（Vernunft glaube）」に支えられている。

カントが何度も挙げる事例であるが、自分のあるいは自分の大切な人々の幸福（利益）のために偽証することは、端的に道徳的に善くないのである。すべての嘘は、いかにそれが自他を幸福に導こうとも、それ自体として道徳的に悪なのである。

しかし、これはハードルが高すぎる。カントはそのことを見越している。実際には、真実を守ろうと決意しながらも、最終的には自他の（とくに他人の）幸福を選択してしまうかもしれない。だが、そのときけっして「それでいいのだ」と思わないこと、その転倒にせめて悩み苦しむことが、理性的存在者としての人間には要求されているのである。

先に挙げた「安宅」における弁慶は関所を通過したのちに義経に涙を流して詫びを請う。しかし、それは主君を打擲したことに対して詫びているのであって、嘘をついたことに対して詫びているのではない。そして、義経も、自分の命を救ってくれたことを感謝するのであって、弁慶が嘘をついたことを咎めることはない。カントが最も価値を置いている真実性＝誠実性の原則は見事に取りこぼされているのである。

†生命を放棄すべき理由

なお、カントは、「尊敬に値するように生きえないならば、およそ生きるに値しない」と言ってはいるが、必ずしも「自殺せねばならない」と言っているわけではない。同じ『倫理学講義』の中でカントが、生命を犠牲にすべきであっても厳密な意味における「自殺」とは言えない場合を挙げていることも注目すべきである。「自殺」という言葉にはすでに犯罪行為という意味が込められていて、「自分の生命を犠牲にする」ことのうちで非難されるものが「自殺」だという文法が前提されているのだ。

人間は、彼の人間性の尊厳を失うことによって以外に生命を維持することができないなら、むしろ自分の生命を犠牲にすべきである。(同箇所)

「人間性の尊厳を失う」とは、具体的にいかなることか？　次の事例が一つのヒントとなろう。

…よって、ルクレチアは彼女の操を守るために殺されるまで防衛したほうがむしろよかったであろう。そうすれば、彼女は正しく行為したのであり、けっして自殺ではないであろう。というのは、自己自身に対する義務を守るために自分の生命さえ犠牲にして、敵に対して生命をかけることは、自殺ではないからである。(「自殺について」)

カントは、ルクレチア(古代ローマの軍人の妻、夫が戦陣にいるときに夫の友人に強姦され、後にそのことを夫に告白した後に自害した)が「恥辱と復讐の怒りから」自殺したことを遺憾に思っている。彼女は自殺せずに男に殺されるべきだったと言うのである。

だが、生命を犠牲にしても操を守るべきことが、道徳法則から導出されるかどうかは疑問であろう。サイパン戦において米兵に強姦されまいとしてバンザイ・クリフから飛び降りるより、最後まで抵抗して米兵に殺されたほうが「むしろよかったのであろう」か？判断は中止しなければならない。ここで「決疑論（Kausistik）」（倫理学において具体な場合において当否を決める議論）に立ち入ることはできない。

生命を犠牲にしても守るべき「人間性」に関しては、次の事例のほうがわかりやすいであろう。


自分の生命を守るために敵前逃亡して、味方の者たちすべてを見捨てる者は、卑怯者である。だが、自分と自分の味方たちを死に至るまで防衛する者は、自殺者ではなく、気高く高潔な者だとみなされる。（同箇所）

この事例はきわめてよく了解できる。戦争において国民が「自分と自分の味方の者たちを死に至るまで防衛する」ことは、自己に対する完全義務である「誠実性」と他人に対する完全義務である「契約履行」ということからしても、カント倫理学においては（道徳的に）善い行為の側に配置されるであろう。これに対して「敵前逃亡」はこれら完全義務よりみずからの生命と幸福を優先させるのであるから、（道徳的に）悪の側に配置されるであろう。

だが、戦前の日本軍のように敵の捕虜になることは「人間性を他人によって汚された」と解すること、従って、いかに勝ち目のない戦であっても「捕虜にならないために玉砕する」ことはどうであろうか？　ここでも「決疑論」は待ち構えているのである。

†自殺賛成論者・ヒューム

以上の連関から自殺論を見返すとき、自殺はカントの言うように、自分に対する完全義務違反なのかどうかは、ますます疑問になる。ヒュームは自殺を肯定する数少ない哲学者の一人である。

ヒュームは『自殺について』（福鎌忠恕・斎藤繁雄訳、法政大学出版局）の中で「自殺が犯罪的であるとすれば、それは神か、われわれの隣人か、あるいはわれわれに対してかの義務違反でなければならない」と宣言して、それぞれの場合ごとに考察している。まずは、神に対する犯罪かどうかという点。

仮に人間の生命を処置することが、万物神の独自な領分として保留されていて、その結果人間が彼ら自身の生命を処置することは、万物神の権利への侵害だとすれば、生命の維持のために努めることも、生命の破壊のために行動するのと同じように犯罪的ということになろう。私の頭上に落ちてくる石を私が取り除けるとすれば、私は自然の経過を乱すこととなり、かくして物質と運動の一般的法則によって神が私に割り当てた期間を超えて私は私の生命を延長させることにより、万物神の特別な領分を侵害することになる。(同訳書)

ナイル河、あるいはダニューブ河をその進路から外すことも、仮にそういう目標を私が達成できるとすれば、それを実行しても私にとって何らの犯罪でもないであろう。とすれば、数オンスの血液をその自然的通路から外すことの犯罪性はどこに存するのか。(同訳書)

厳密に考えるといろいろ異論が出てきそうだが、ヒュームの見解には一理ある。われわれ人間には自由意志が与えられているのだが、われわれは神の計画は基本的に知らないのだから、個々の場合「よりよい」と思われることを選択する以外にない。そうなら、（1）石が落ちてくるのに気づいてよけること、（2）河の進路を変えて氾濫を防ぐことが許されるように、「よりよい」と思われるなら（3）動脈を切り開いて生命を絶つことは許されなければならないのである。

現代的には、次の論点、すなわち、自殺は必ずしも他人に対する犯罪ではない、という論点のほうが説得的であろう。

俗世から隠退する人間は、社会に対して何の害も行わない。彼は善事を行うことを止めるにすぎない。このことは、仮にそれが有害行為だとしても最も低い程度のものである。（中略）なるほど善事を行うというわれわれの債務が、仮に永遠のものと認めたならば、それは確かに若干の束縛を持つであろうが、私自身に大きな害を加えるという負担を払ってまで、社会に対して小さな善事を行わねばならない債務は負わされていない。（同

訳書)

私が社会にとっての負担であると想定しよう。私の生存が他の人に妨げとなり、社会に対してははるかに有益であることを阻止していると想定しよう。このような場合、私の人生放棄は単に無辜であるばかりでなく賞賛に値するにちがいない。(同訳書)

隠遁することが特別に犯罪でないとしたら、死ぬことも犯罪ではないであろう。隠遁することによって、たとえ悲しむ人がいるとしても、その人のために隠遁するという私の願望(幸福)を犠牲にする必要はない。同じように、たとえ私が自殺したら悲しむ人がいるとしても、私はその人のために、この世を去りたいという私自身の願望(幸福)を犠牲にする必要はないのだ。まして、私の存在が社会にとって迷惑をかけていることを悟り、それを軽減するために自殺するのであれば、私の自殺は「賞賛に値するにちがいない」とさえヒュームは言う。

さらに、私の自殺を悲しむ人がまったくいない場合も考えうる。地球における最後の人が自殺するとき、彼(女)の死を悲しむ者はいないであろう。彼(女)は寂しさに、虚しさに胸引き裂かれて自殺を選ぶかもしれない。それは、正当化されるというより、正当化という意味が空転する状況であろう。

こうした自殺肯定論に対して、どのような反論が可能であろうか？　それは最後に考察することにして、その前に付加的に添えておくと、一般的に言って、「自殺権」は認められない。なぜなら、権利は権利の侵害を含むものであるから、自殺が一つの権利であるとすると、それを妨げようとする者は権利の侵害となり、場合によっては犯罪行為になるからである。これはわれわれの直感的価値意識と齟齬をきたすのである。

†それでも生きるべき理由

生きることが楽しいから生きているのではない。ということは、すなわち生きることが辛いから死んでいいわけではない。自殺すると誰かが（両親が、兄弟が、恋人が、友人が……）悲しむから自殺すべきでないわけではない。誰も悲しまなくとも、自殺すべきではないのである。なぜか？　生命が大切だからではない。これは何も説明しない、これは、「なぜ生命は大切なのか？」という問いの前でわれわれを立ち止まらせるだけである。

視点を変えてみよう。生命を最高の価値とみなすと、どうなるであろうか？　われわれは自他の生命を守るために、嘘をつくであろう。真実を語らないであろう。他人を騙すであろう。卑劣な行為をするであろう……。数々の（直感的に）非道徳な行為を犯すであろう。クリスチャンが生命を最高の価値にしたら、あらゆる迫害を恐れて棄教しなければならないであろう。キリシタンは、磔を恐れて踏み絵を踏むであろう。こうした考察から、少なくとも生命を最高の価値とみなしてはならないことは明白である。

現代日本では、ややもすると生命が最高の価値とみなされがちである。先に触れたが、残酷な犯罪が起こるたびに、子供たちに「生命の大切さ」を教えるだけでは、道徳教育として不完全である。同様に、これも先にも述べたが、戦争は多くの人を殺すから、多くの人を不幸にするから、反対だという理屈も素朴すぎる。むしろ戦争は、人々の心から繊細さを奪い、硬くし、貧しくするから（道徳的に）善くないのである。

事実上、現代日本のほとんどすべての人が、生命を最高の価値とみなしているのかもしれない。だが、百歩譲って、理念上でも、人間世界には、生命より大切なもの、そのために生命を賭するべきものが「ある」ことを教えることが必要ではないかと思われる。人間とは、ある至高の価値（例えば「身の潔白」としよう）を証するためには、みずからの生命をも放棄することがありうる存在者だということを含めて、生命の大切さを教えねばならないように思われる。

しかし、以上を踏まえたうえで、すなわち、生命が最高の価値であることに疑問を抱きつつ、私は誰も自殺してはならないと心の底から確信している。かつて（ずっと前に『哲学の教科書』〔講談社学術文庫〕において）、自殺してはいけない理由として、自殺したいという人は、じつは自殺したくないから、思考を停止させて自殺の方向に自分を持っていっているから、その意味で怠惰だからである、と書いた。しかし、なぜ思考を停止させてはならないのか、怠惰であってはならないのか？　こう答えた私も——カントと同様に——何か（理性　誠実性　繊細な精神）を前提して論証したつもりになっているだけなのではないか？

こう反省して、私は何かを前提することなしに、自殺するべきでないことを論証するのは不可能であることを悟った。自殺するべきでないことは、じつは、すべての「〜するべきではない」ことと同様、何かを前提して、それから導いたふりをするのでなければ、論理的に導けないのである。

しかし、同様に、何かを前提しなければ、自殺するべきである（自殺することは許される）ことも導けないのだ。ヒュームの主張するように、確かに自殺を望む本人の気持ちよりそれを悲しむ他人の気持ちを優先することは論理的に出てこない。しかし、自殺を望む本人の気持ちをそれを悲しむ他人の気持ちより優先することもまた出てこないのである。

自殺をするべきか、するべきでないか、論理的に結論づけられない。しかし、そうだとしても、私は自殺を試みる人がいたら止めるであろうし、どうにかして自殺しないでほしい、と願うであろう。なぜ、自分がそうするのかわからない。ただ、そういう自然な感情が湧き上がるだけである。その自然な感情に突き動かされて、自殺をしようとするすべての人に向かって私は「自殺してはならない！」と訴え続けるであろう。当人がいかなる理由を持ち出しても……。

第7章

〈絆〉からの自由・〈絆〉への自由

†〈絆から〉の自由

子どものころから、家族、クラスの仲間、近所づきあいなど、さまざまな〈絆〉によって縛られていることに息苦しさを覚え、しかし、それを訴えても誰も聞いてはくれず、それどころか、〈絆〉を尊重しない子は「悪い子」だという烙印を押されてしまうことを知った。

中学生になったら、高校生になったら、〈絆〉はもっとゆるくなるだろうと楽しみにしていたが、そうではなかった。大学生になっても、〈絆〉はますますキツイものとして私を縛り上げた。両親のことを思い、親戚のことを思い、これまで世話になってきた人々のことを思い、近所の眼を思い……こうして、自分の生きたいように生きることはできないのであった。

生きたいように生きるとはいかなることか？　それは、「死」だけを考えて生きること、残された人生（私にとって子どものころから人生は「余生」であった）をただ死の「解決」にのみ使うことである。こういうと、現代日本ではきわめて異様に響くかもしれないが、かつて仏門に入ろうとした者はみなこういう願いを持って世を捨て必死の思いでその門を叩いたのだ。

単に死が怖くなくなればいいわけではない。もっと根本的に「私が死ぬ」ことはあまりにも理不尽なので、ここにはある種、見透せない罠があるという予感がしていた、それは、言葉という罠であり、言葉を学ばされて、この者が「死すべき私」を引き受けざるをえなかったという罠である。ここには、絶対的な「間違い」（カントの言葉を使うと「仮象」）が潜んでいて、哲学を究明すれば、その間違いを突き止めることができるような気がした。「私がいる」とか「時間がある」とか「世界がある」という言葉によって、われわれの身体に叩き込まれた世界像は基本的に間違っているのであり、その間違いを見透すことが唯一の生きる意味なのだ。

そして、これと密接に絡み合って、こうした生き方が許される場を見つける必要があった。できれば、こうした途方もない生き方をしても排除されないだけではなく、まさにそのことを職業にできる場を確保することである。だが、いまはぬけぬけとこう語っているが、こんな人生設計が一般人に伝わるはずもない。私の希望は世間の冷たい風に当たってたちまち凍え死んでしまうであろう。いかなる会社の面接試験でそれを語っても落とされるであろう。

では、そういう場がはたしてあるのか？「自由業」の荒波に船出する覚悟がないのなら、地上に一つだけある。それは、大学の哲学教師である。こうした不純な動機のためか、私にこの職場が与えられたのは、大学入学からちょうど二〇年後の（二年留年した大学卒業から数えても一四年後の）三八歳のときであった。

だがやっと手に入れた理想的な職ではあるが、当然のことながら、大学にも〈絆〉はある。大学に職を得た瞬間から、私はそこからの「自由」を夢見ていた。そして、四〇代の中ごろから、ふとしたきっかけで哲学専門書以外の一般書を書き始め、芋づる式に通俗的な本を書き続けながら虎視眈々と（？）大学を離れること、〈絆〉から完全に自由になることを狙っていた。

†〈絆〉への自由

その自由は、ずっとあとの六二歳のときにやっと訪れた。私は大学を退職して、「哲学塾　カント」という名の哲学の私塾を開設したのである。それは、一方において「死」という仮象を暴くための研究を続ける場であり、他方において（その途中で死んでしまうかもしれないのだから）、「生きていても虚しい」と誰にも憚りなく思う存分に言える場、同時に自分の信念と感受性に合った無限にゆるい人間関係の〈絆〉が成立している場である。

後者に関しては、ずいぶん試行錯誤してきた。私は大学に職を得てから、「カント研究会」「大森先生を囲む会」「悪の研究会」「無用塾」など〈絆〉の発起人となり、主宰者となり、さらに「拡声器騒音を考える会」「京都の景観を考える会」などの市民運動系の〈絆〉にも熱心に参加した。すなわち、不惑を迎えるころ、私は世間のマジョリティが集う〈絆〉に対して激しい違和感があったからこそ、自分の信念と感受性に適合した〈絆〉を次々に創設し始め、そして、そのすべてにおいて――不思議なことに――かなりの成果を上げえたのである。

大学を辞めてどうやって飯を食うのか？　印税だけでは不安である。だが、これまで数々創った「会」に関するハウツーを財産に「哲学塾」を開設し、その聴講料と印税との二本柱で行けるのではないか？　大学に勤務していた二五年間の後半は、そのことばかり考えて過ごした。そして、一〇年の準備期間を経て、いよいよ与えられた〈絆〉からは自由であり、自分が創設した〈絆〉のうちで（のみ）生きるという老後に突入したのである。

一方で、「死の解決」という特異な人生設計を描き、他方で、無限に〈絆〉が息苦しい私のような男が、〈絆〉に呑み込まれて喘ぎ続ける惨憺たる人生を歩むことを避けようとするなら、ただ〈絆〉から出るだけではダメであることを私は自然に学んでいった。

本書で私が一番伝えたいのは、このことかもしれない。〈絆〉で苦しんでいる人びとは〈絆〉からの脱出法を真剣に考えるべきであろう。だが、自分の弱さをかかえたままでより快適な〈絆〉を求めても、究極的には何も与えられない。社会を嫌悪し、社会を怖れたままではいけない。まさにニーチェの言うように、強くならなければならないのだ。反語的であるが、社会から抹殺されないためには、社会的に強くならなければならない、現実に評価されなければならない。それによって金を稼ぎ、それによって生活できる場、しかもできれば、それによって生きがいを感じられる場、負け惜しみではなく本当に自分にとって心地よい場を獲得しなければならないのである。

そうした場がどこかにころがっているわけではない。むしろどこにもないからこそ、周到な準備をして、自分で自分の信念と感受性に適合した〈絆〉を創り上げるしかない。そして、そこに似たような信念と感受性を持った他人を呼び寄せるしかない。しかも、桃源郷にではなく、イデア界にではなく、まさに「(泥にまみれた?)この世」のただ中に自分の信念と感受性に適合した〈絆〉を創ることによって、はじめて世間のあらゆる〈絆〉の磁場に吸い寄せられずに生きることができるのだ。自分に居心地のいい〈絆〉を積極的に創ること、すなわち〈絆〉への自由を通じて、はじめて〈絆〉からの自由をこの手に確保できるのである。

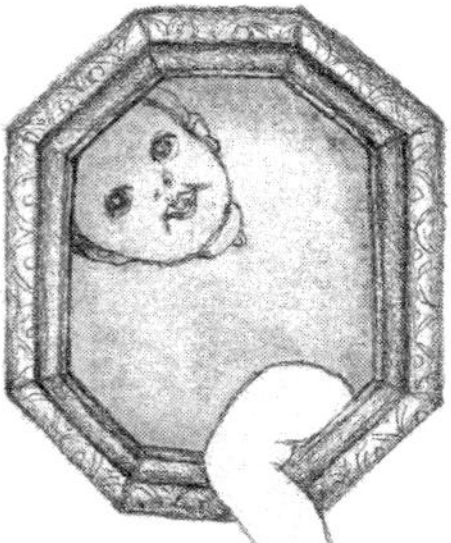

付録1　美談が覆う真実もある
震災への「なぜ」今こそ

　少し前、被災地の少女がローマ法王ベネディクト一六世に「なぜ子どもたちはこんなに悲しまなければならないのですか」と問い掛けたのに対し、法王が「私も自問していますが、答えは出ないかもしれない」と答えたという報道がありました。キリスト教徒なら当然のように考える、こうした生の意味を問う「なぜ」が、あまりにも少ないことが私は気になります。

　震災直後、被災した方々の忍耐力が世界から称賛されました。それは確かに素晴らしいことですが、復興もままならないいま、震災に対して「なぜ？」という問いや絶望の言葉がもっとあっていいのではないでしょうか。死者が全体で何万人に上ろうと、わが子を失った人にとってはその子一人の死が重要です。その人にとっては将来の「日本」などどうでもいいのです。論壇でも、テレビでも「日本は…」という発想に陥りがちですが、それによって、知らず知らずのうちにかけがえのない人を失った人の言葉を圧殺していることに注意すべきです。

　いまは「頑張ろう」のメッセージばかりが目立ちます。この言葉自体に反対はしませんが、テレビCMで有名人が「頑張ろう」と言い続け、マスメディアで何度も繰り返されるほど、言葉の意味が退化し、空疎になっていく。津波にのまれ、目前で自分の肉親を失った人は、頑張りたくなく、頑張ろうにも頑張れず、場合によったら自分も死にたいかもしれない。被災した小学校から、泥だらけのランドセルが回収されたという出来事が美談として報道されましたが、学校が大嫌いな子も級友からいじめに遭っている子もいるはず。それなのに、すべての子は学校や勉強や友だちが大好きだという「神話」が真実を覆ってしまいます。

目下メディアをにぎわしているのは〝心温まる家族間の話〟であり、そこに登場してくるのは、原発の作業員と妻、妻を失った被災者の夫、祖母と声を掛け合って助かった孫など法的に認められた家族だけです。（中略）天涯孤独な人も、家族を激しく憎んでいる人も切り捨てられた「健全な」家族の美談だけです。

もちろん、ほとんどの人は「健全な」社会を望んでいるし、メディアもそれに配慮して取材対象を選んでいるのでしょうが、それが「多数派」あるいは「普通派」の暴力であることを自覚してほしい。日本は言論が自由な国とされていますが、この点ではまったく違うのです。

いまこそ「なぜ人間はこんなに不幸なのか」「人生は生きている価値があるのか」という問いがもっとあっていいと思います。パスカルのいう「繊細な精神」であり、物事を一般的、客観的、論理的に割り切ろうとする「幾何学的精神」と対立するものであって、限りない矛盾に満ちた個々のものをそのままとらえようとする精神です。なぜ、あの人が津波に流されて私は生き残っているのか、くたくたになるまで考えることです。もちろん答えはないでしょう。でも、それをごまかすことなく問い続けることこそ、人間として最も必要なこと、何よりも価値あることなのです。

震災後、さまざまなイベントや行事が自粛され、それは他人にも同様の自粛を求める「他粛」の風潮になっていますが、みなそれを無自覚に受け入れて、互いに自粛し合い「いい人」しか出てこないいまのような言論状況は、私には不気味な感じさえします。

今回の大震災で日本人の良い面、悪い面がすべて出たのではないでしょうか。被災者たちの品格ある穏やかな態度、全国からの励ましの声などにあらためて日本の良さを確認する一方で、日本人の「哲学的にものを見る目」すなわち「繊細な精神」はまったく育っていないように思われます。

(『東京新聞』二〇一一年五月一七日夕刊掲載)

付録2　『がんばろう日本』という暴力

震災に耐える日本人に、世界中から賞賛の声が上がった。しかし、一連の報道に私は違和感を覚え続けている。

†大いなる違和感

今回の地震報道、地震後の報道に関して、ずっと大いなる違和感を覚えている。震災直後から、世界各国のメディアでは、淡々とこの悲惨を受け止めている日本人の忍耐力が絶賛された。誰ひとり絶叫せず、略奪も暴動もなく、静かに配給品の前に並ぶ人々、黙々とわが家目指して歩き続けるサラリーマンたち、柔和な顔つきで自分の不幸以上に他人のことを思いやる人々……に対して、大いなる賞賛の声が上がった。私も、みずからの少なからぬヨーロッパ体験と比較して、彼の地との「格差」を痛感した。わが国民に対してまさに尊敬の念が高まったのである。

しかし、違和感は消えることはなかった。全国各地から集まる救援物資の山、駆けつけるボランティアたち、「みんな一緒だよ！」の励まし、運動選手や歌手たちの「がんばろう　日本！」の掛け声……。なんでこんなに「いい人」揃いなのであろう。「俺には関係ない」と居直るエゴイストがいないのであろう。いや、いるはずだ。だが、報道されないのだ。報道を禁じられているのだ。他人の不幸に無関心な者、それを喜ぶ者さえいる。それが人間ではないか？ それが人間の豊かさではないか？ それなのに、これほどまでに「いい人」一色で塗り尽くされていることは、気持ち悪いものである。人間の本性を捻じ曲げている暴力だなあ、と不謹慎にも思った。

†サンデル氏の公開講義を聴いて

震災後、たまたまラジオ（オフィスにテレビは置いていないので）でサンデル氏の講義（四月一六日、NHK総合テレビ）を聴いてみた。ボストンと上海と東京に待機している参加者の意見を聞きながら進む三極構造の番組であった。そして、私はその内容にあきれ果てたのである。初めに、日本人の勇気、忍耐力、優しさなどに対して惜しみない賛辞が長々と続いた。それから、例えば、原発の修復作業員としてどういう人を選ぶべきか、年齢、あるいは家族持ちかどうか、高額な報酬を出すべきか、など具体的な意見の交換があった。最後にサンデル氏の番組参加者の意見に対する絶賛を空疎な気持ちで聴きながら、これは哲学とは何の関係もない、と確信したのである。

サンデル氏は（政治）哲学者ではないのか？ このような周辺の問題だけを取り上げて、それでいいと思っているのだろうか？ 哲学者なら、まず「なぜ、このような惨事がほかならぬ彼らの身の上に起こったのか？」と問わねばならない。それは、プレートの移動といった地球物理学的事実とはレベルの違う問いである。被災者は日々問いかけているであろう。なぜ、自分だけ助かったのか？ なぜ、自分はあのとき妻の手を離したのか？　なぜ、自分は船を見に行った父をとめなかったのか？　なぜ、自分は子どもたちを守れなかったのか？

　答えはないかもしれない。答えを求めてはならないのかもしれない。だが、だからこそ、ここに哲学者たちは大きな問題を認めてきたのだ。科学は答えられる問題だけを扱う。だから、その問いは一般的である。「日本人（一般）」が立ち直るには、「津波（一般）」を防ぐ方法は、「原発（一般）」の必要性は、と問うて答えを求め続ける。しかし、われわれ人間は、もう一つの問いを遮断することはできない。それは、この私はなんということをしたのか、あのとき私はなぜあんなことをしたのか、という問い、すなわち一度限りのもう決して反復されえない出来事に対する問いである。われわれには――まさにカントの言うように――こういう問いが課せられており、しかも答えることができないのだ。だからこそ、この問いは貴重であり、いつまでも問い続けなければならないのだ。他の者は「次に行って」いいのかも知れない。だが、哲学者はこれに真正面から向き合わねばならない。なぜこの子は死に、なぜ親である私は生き残ったのか？　なぜ私はこれほどの悲しみを味わわねばならないのか？　死んでしまったこの子はどこに行ったのか？　すべてまともすぎるほどまともな問いである。三〇〇〇年にわたって人類が問い続けてきたのは「これ」である。

　あらゆる人が、「絆」を「同情」を「希望」を語り続ける時、哲学者はあくまでもここに留まって、悲しみを問い続ける人と共に、いや彼らに代わってでも、いつまでもこの問いに拘り続けなければならない。

†「がんばろう　日本！」の裏に潜むもの

　震災後たちまち「がんばろう　日本！」の掛

け声が列島中にこだまし、いや世界中に反響した。これほど日本人が愛されているとは知らなかった。これほど日本人が尊敬されているとは思わなかった。それは、驚きであると同時に誇りでもあった。なぜなら、私がウィーンに留学していた三〇年ほど前はジャパン・バッシングの最中であり、日本人は世界で一番嫌われていると語る評論家が少なくなかったのだから。

それから三〇年経って、いま世界中に散らばる日本人たちはそれぞれの地域で愛され、信頼され、あるいはわが国を訪れる外国人は日本人の誠実さ、優しさに感動することも、実感的にわかる。こうした日本人群を産み出したことこそ、経済的成功や日本製品の優秀さやノーベル賞やオリンピックのメダル数より勝る、戦後日本が達成した最大の成果であるように思う。

だが、「日本」あるいは「日本人」と一括するとき、われわれは個々の人間を忘れてしまうのだ。確かに「日本人」は、明治維新を乗り切り、敗戦後の混乱を乗り切り、オイルショックを乗り切り、リーマンショックを乗り切り……現在にまで至った。だから、「日本人」はこの未曾有の災害にも打ち克つであろう。「日本人」はけっしてへこたれないであろう。掛け声として、とりわけ反対はない。しかし、われわれが「日本人」に視点を固定させるとき、個人の苦しみは置き去りにされる。「がんばろう日本！」という掛け声に夢中になっているうちに、われわれは全体にのみ注目しているという偏向に気づかなくなる。数の威力の前に「かけがえのない個人」への視点を失ってしまう。幼いわが子を津波に呑み込まれた母親にとって、「日本」がこの苦境を乗り越えることなどどうでもいいことである。それによって、悲しみが癒えるわけでもなく、希望が持てるわけでもないのだ。こんなことは誰でも知っているであろう。だが、「日本は！」と語る人に一滴でもその配慮があれば、語り方は違ってくるであろう。もっと「繊細に」（これが本論のテーマであるが、後に説明する）なるであろう。

†「思いやり」の強制

民放の共通CMは完成度の高いものである。「『思い』は見えないけれど『思いやり』はだれにでも見える」というコピーも優れたものである。しかし、（ここを強調したい）それが何回も何十回も何百回も流されると、そこにはある種の強制的で威圧的なものが放出されるのだ。このCMは皮肉にも（たぶん制作者の意図に反して）道徳教育の本質をよく表している。まさに、そこに登場する少年のように、年寄りに手をかさない自分に対する「自然な」罪責感が育っていくのだ。道徳教育とは、ニーチェが見抜いたように、人間の本性に訴えかけて達成されるものではなく、人間の本性に訴えかけて達成されたかのような外見のもとに、人間を暴力的に調教することである。しかも、そう教育された者が、本心からそれに従うと思い込むとき、道徳教育は完成される。だから、あらゆる道徳教育はペテンだというのではない。人間の本性とは元来そういうものだということであり、それ以上に人間を道徳的によくすることはできない。だから、この事実を自覚すべきだということである。

さらに、紋切り型の「心温まる」報道は続く（「みのもんたの朝ズバッ！」では、この震災に関する「心温まるメッセージ」を募集していた）。子どもたちが学校で学ぶことをこれほどまでに「好き」だとは思わなかった。マイクを向けられた子どもたちは（それはなんと可愛いことであろう！）、「早く学校に行きたい」「早く友達に会いたい！」と口々に語る。それは、嘘ではない。ラカンを持ち出すまでもなく、人は「他人の欲望を欲望する」のであり、でないと生きていけないのだから。〔中略〕どんなに学校嫌いな子でも、死ぬほどいじめに遭っている子でも、教科書を配られれば、嬉しいのであり、真新しい机が運び込まれれば「早く勉強したい」のである。その子がとくに無理をしているわけではない。自分に嘘をついているわけではない。まさに、これがその子の「本心」なのであり、だから、その子はどうにか「まともな子」として生きていけるのだ。

†「普通主義」の威力

そして、「優しさ」と共に、これもごく自然に、「普通主義」が全景を覆うようになる。今回の災害まで「普通」に対する批判的見解もちらほら見られたが、あっという間に、家族が、郷土が、そして日本という国家がかけがえのない大切なものとなっていった。報道される心温まる話は、すべて（法的に承認された）家族間の話だけである。原発の作業員として従事し、帰宅した夫の寝顔をいつまでも見つめていたという若妻、やっと妻の遺体が発見され、泥を落としたその顔の美しさに見とれていたという七〇歳の夫、おばあちゃんと一緒に声を掛け合い励まし合って助かった男の子……、すべての美談は（法律的に承認された）家族に凝集していったのである。恋人を求めていつまでも泥濘の中を歩いているというニュースは――私の知る限り――なかった。まして、不倫相手を亡くして泣き崩れている女も、めかけを津波で失って呆然としている男も、同性愛の相手が行方不明で泣いている男（女）も、――私の知る限り――テレビにもラジオにも、新聞にも登場しなかった（ペットとの再会さえあったのに）。最も大切な人は、大多数の人にとってやはり家族だろうと思う。だから、大多数の者に合わせて報道するのは、当然かもしれない。メディアは、ひとり住まいの老人や、さまざまな身体に障害を持つ者や、自閉症の人々については、配慮ある報道をしていた。だが、先の法律的に承認されていない、あるいは社会的にマイナスのイメージを持つ者たちに対する配慮はなかった。あたかも彼らの哀しみが「存在しない」かのように切り捨てたのである。

†「よい言葉」の退化

「がんばろう　日本!」「みんな一緒だよ!」という言葉自身に対して、とくに反感は持たない。しかし、それが毎日テレビ画面に映し出されるとなると、言葉の持つある種の「退化」が起こるように思う。一人ひとりがそう感じ、からだ全体でそれを発言しているうちはいい。だが、それがスローガンとなり、テレビ画面に何十度も映し出され、垂れ幕に書き込まれ、大勢の人が同じ言葉を自動機械のように反芻するようになると、本来「よい言葉」は退化して、一種の暴力装置になるのである。

私は、一瞬「欲しがりません、勝つまでは!」とか「八紘一宇!」とか「お国のために!」という掛け声を発しながら戦い続けた七〇年前のわが国民(どの国でもそうであろうが)が蘇生したかのような錯覚にとらわれた。何を唱えるかではない。何を唱えても、スローガンになった瞬間、言葉はそれが含意する無限に微妙な意味を捨て去り、単純な記号としての威力を発揮し出すのだ。もしこうした掛け声が防災行政無線から連日大音響で流されたら……と思うと恐怖心で身が震えるのである。

†「なぜ?」という問いの欠如

先にサンデル氏に対して批判的コメントを下

したが、彼が哲学者であったら、まず何よりもこの震災に対して大いなる「なぜだ？」という疑問を発するべきだと思う。それを発しない彼は、他に何をしようと哲学者としてはニセモノであると思う。敬虔なクリスチャンなら、わが子を津波にさらわれた母親は「神よ、なぜ、このようなことをなさったのですか？」と涙にむせんで問うであろう。そして、（本物の）哲学者なら「なぜ、こうした不幸が起こるのか？」と全身で問うであろう。もちろん、科学的には地震の原因は神の怒りでもなく、悪霊の仕業でもなく、プレートが動いただけである。だが、それは〝ｈｏｗ〟という問いに対する答えであって、〝ｗｈｙ〟に対する答えではない。答えがないかもしれない。だが、それにもかかわらず、「なぜだ？」と問い続けるのが哲学ではないのか？

〔中略〕「答えはないかもしれない」。だが、問い続けることには意味がある。それなのに、地震は自然現象だからと、「なぜ？」という問いをあっという間に飛び越して、すぐに「がんばろう！」の大合唱となってしまう。「みんな一緒だよ！」というメッセージで覆われてしまう。百歩譲って一般人はそれでいいかもしれない。だが、哲学者はそうあってはならない、と私は思う。官僚や政治家なら、すぐに復興計画を練り始めてもいい。社会学者や政治学者なら、原発事故の責任を追及してもいい。宗教家や精神病理学者なら、被災者の心の傷を癒すことにかまけてもいい。だが、哲学者は、この「なぜ？」を放棄してはならない。いつまでも「なぜ？」と問い続ける社会的役割を担わされている唯一の人種なのだから。それがいかなる（普通の意味で）有用性がないとしても。

思い返せば、一〇年前のあの九・一一のとき、私がとっさに考えたことは「このすべては決定されていたのか、それとも自由であったのか？」という問いであり、世界貿易センタービルの窓に映るおびただしい人影の写真を見て抱いた、「他者とは何か？」という疑問であった。大事件が起こるたびに、私は根源的問いに襲われてしまう。そして、その中核にくすぶり続ける問いは「はたして人間が生きていることは、よいことなのだろうか？」、いや、さらに「およそ何かが存在することは、よいことなのだろうか？」というものである。

ライプニッツは次のように問うた。「なぜ、何かがあるのか、すべて無ではないのか？」。この文章の解釈はさまざまであるが、世界には何もない、いや世界そのものがじつは「無」であるかもしれない。われわれ人間がそれを「有」と錯覚しているのかもしれない。この問いは、ニーチェの「同一なものが永遠回帰する」という思想に直結する。哲学は思考の遊戯ではない。実在を離れた絵空言ではない。まさに実在が空疎なとき、過酷なときに、「これは何か？」と問うことである。しかし、こうした問いは古来理解されず、ソクラテス以来（本物であればあるほど）哲学者は迫害されてきた。哲学とは、人間の幸福のためではなく、真理そのものを求める営みであるが、こうした態度は最も忌み嫌われてきたのである。

今回も、愛する人々や家を、いやすべてを失った被災者から、あるいは「がんばろう　日本！」のスローガンのもとに汗みどろで働いている人々から、そんなネゴトをほざくなと言われないことを祈るが、それは傲慢な欲求なのかもしれない。他人の苦しみに素直に寄り添えない哲学者が迫害されることは、ある程度「正しい」のかもしれない。あるいは、超一流の哲学者ならわかる、だが、お前のような、チンピラ哲学者が、こんなときに限って哲学者ヅラするのはチャンチャラおかしい、と膨大な数の読者が判断されるのなら、そこに潜むある程度（以上）の真実を認めて頭を垂れるしかない。

†そして、被災地に入った

今回の原稿のためにふと思い立って、四月二六日早朝、妻と羽田から仙台に向かった。仙台空港に着陸する直前、飛行機の窓から泥だらけの地面に散乱する車をちらりと認めた。そのままバスで仙台に入る。駅舎の壁をはじめ至るところに「がんばろう　東北！」「がんばろう宮城！」の垂れ幕が掛かっている。仙石線で東塩釜に至り、そこから代行バスで石巻まで。途中の野蒜では瓦礫の中をバスが走っている感じであり、その光景を見て思わず泣き出す乗客もいた。石巻に着きタクシーに乗り込み、最も被害の大きかった地域まで行ってもらう。小高い丘を越えたところに「それ」はあった。テレビで何度も見た光景が眼の前に広がる。われわれは車を降りてしばらくその中を彷徨する。焼けただれ廃墟と化した小学校の屋根に「すこやかに育て　心と体」という標語が太陽に輝いている。それから、丘の上の中学の体育館に設置された避難所を訪れ、妻は持ってきた濡れティッシュ、雨合羽、スリッパ、ウィーンの友人から届けられた食品などを渡した。桜が満開であった。

翌日は仙台に戻り、東北本線の名取で降り、ふたたびタクシーに乗り込み、とくに津波被害の大きかった閖上《ゆりあげ》地区に向かった。運転手に話しかけると、今回の津波で父親を亡くした、と淡々と語る。途中検問があり、許可証がなければこれ以上入れないということなので、手前で車を降りる。仙台空港周辺と同様の泥濘と瓦礫の光景が広がる。そして、そのまま名取に引き返して原発事故の風評被害地でもある郡山に向かった。

被災地は、テレビ画面通りであり、とりわけ新たな発見はなかった。人々はみな穏やかで親切であり、泊まった旅館でも、仲居さんに被害状況を聞くと、「ひどい揺れで壁にヒビが入り、窓ガラスも割れ、瓦も落ちました」と微笑みながら話す。そして「こんな時に来てくださって」と丁寧にお辞儀をしてくれた。東北で出会ったタクシーの運転手や旅館の仲居さんに、あらためて日本人のすばらしさを感じる。連日の掛け声ではない。満載の「心温まる話」でもない。作為に満ちたCMでもない。被災地に生きるこうした人々の礼節を失わない素朴な強さこそ感動的である。

†繊細な精神

パスカルは幾何学的精神に繊細な精神を対立させた。前者は論理的に明晰な言語を駆使して表現する精神であり、これは理解しやすい。だが、後者は日本語の「繊細」という言葉のニュアンスに引きずられて誤解に陥りやすい言葉ではないだろうか？　パスカルがこの言葉で表したいのは、複雑で、矛盾だらけで、善を望みつつ悪に埋没している人間という存在者をそのまま生け捕りにすること、そのように精神の活動を維持することである。割り切れなさを大切にすることと言いかえてもいい。定型的になる傾向に対して過敏なほど警戒することと言いかえてもいい。東電の社長や首相に対しては、罵詈雑言を浴びせ、天皇皇后に対しては微塵も批判しない、そういう人々とメディアとの共謀構造に対して疑問を呈する態度である。お年寄りや障害者など弱者の立場を忘れないように必死に配慮しながら、そこに透けて見える保身的・功利的態度に対する違和感を大切にすることである。

それには、個々のものを見る目を養うしかない。この人のこの態度、この目つき、このしぐさが語るものをしっかり受け止めることである。掛け声が一律に悪いわけではない。だが、この状況におけるこの掛け声は真実味があるが、あの状況におけるあの掛け声は空疎な叫び声にすぎない。「正しい答え」をすぐに求めるのではなく、「答えはないかもしれない」という態度にあえて留まっている精神である。それは、すべてわからないと決め込んでいるいわゆる懐疑主義ではない。こうした懐疑主義者も、何ごとかを決めつけているのであって、繊細とは言いがたいであろう。なぜ、日本の子ども（だけ）に悲しみが襲うのか、わからない。家も家族も津波に流され、心はずたずたになっているのに、なぜそれでも生きていかねばならないのか、わからない。

それはそのまま人生に対する問いでもある。こんなに苦しいのに、そして何もかもわからないのに、この地上に生まれ落ち、そしてまもなく死ぬ。なぜわれわれはこんな悲惨な運命に投げ込まれているのか、まったくわからないのである。

（『新潮45』二〇一一年六月号掲載）

付録3 「いい人」だからこそ陥る「みんな一緒主義」

今回の地震で、「みんな一緒だよ！」という掛け声が列島中にこだましました。さらに列島を超え世界各地で活躍する日本人たちから、いや外国人たちからも、「きみたちはひとりではない」という励ましの言葉が寄せられた。しかも、それは、「お上」からの強圧的な掛け声ではなく、むしろ自然発生的なものであった。被災者に自然に手を差し伸べようとする同胞に、あるいは世界中から愛されている同胞に日本人のひとりとして誇りに思ったことも事実である、だが、だからこそ、ここに隠れている権力構造をしっかりえぐり出さねばならないように思う。

†過剰なパターナリズム

私の息子は、一三歳から一八歳までウィーンのアメリカン・インターナショナル・スクール（AIS）で学び、その後日本の大学に入ったが、この体験を通じてヨーロッパの「個人主義」、およびわが国がそれを取り入れていないこと（拒否していること）が身に染みてわかった。一九九八年四月、中学一年を終えた息子を連れて妻と私はウィーンに飛び、息子は日本人学校に通い始め、無事九月からAISに入学できたわけだが、「みんな一緒主義」に塗り込められた日本人学校とそれがほぼ完全に消え去っているAISの違いは印象的であった。

息子は「ひとりでいること」が好きな少年であり、昼もみんなと一緒にカフェテリアでわいわい食べることはせず、パンを買いそれをどこかでひとりで食べていた。このことを息子から聞き知って、私が父母会で先生に相談すると「ヨシ（息子の愛称）は変わった子ね、ハハハ」と笑うだけであった。息子はサッカーの練習もひとりでなし、スクールバスにも乗らず市電を利用していた。それでいて、友だちも適当にいてサッカーの花形選手であった。だが、その前にいた日本人学校では、昼食も、サッカーの練習も、ひとりですることは禁じられた。子どもがみんなと一緒に食べること、遊ぶことは疑いえない「公理」なのであった。この重圧の中で息子は限界状況だったから、AISに転校して、「ひとりでいることが好きな子もいていい」というお墨付きをもらって、親もほっと安心した次第である。

私自身、小学校から中学校を通じてひとりでいることが好きな子であり、偏食だらけであり、遊ぶことが嫌いで、体育ができなかったから、それが許されない画一教育にひどく苦しめられた。なぜ毎日給食をみんなと一緒に、しかも全部食べねばならないのだろう？　なぜ昼休みは校庭に出てみんなと一緒に遊ばねばならないのだろう？　なぜ運動会が、遠足が、林間学校が、学芸会が、始業式が、児童会が、清掃が……つまりみんなと一緒にしなければならないおびただしい学校行事があるのだろう？　当時このような疑問はからだの底でぐつぐつ湧き出していたが、言葉に出すことなど考えられなかった。こうした疑問さえ持ってはならないと教え込まれていたのだから。

だが、それから五〇年も後に、AISでほぼ私の昔の夢が実現されているのを見聞して、爽やかな感動に包まれたのである。日本の教育現場との最も大きな差異は、選択の幅である。中学生であるが、昼をカフェテリアで食べてもいいし、家から持ってきてもいいし、食べなくてもいい。一時間目から登校してもいいし、二時間目からでもいい。スクールバスに乗ってもいいし、乗らなくてもいい。学芸会にも参加してもいいし、参加しなくてもいい。父兄が企画する催し物（各種パーティー）が豊富であるのに対して、学校行事が極端に少ない。息子はサッカーが好きだったので、五年間サッカーだけ懸命にしてあとはすべて手を抜き、それで何の咎めもなかった。

それより二〇年近くも前に、私自身、ウィーン大学に学び彼の地に四年半滞在したが、その完全に「個人主義的な空気」は私を面食らわせた。それを紹介する前に、私が二年前まで勤務していた電気通信大学にそって日本の大学の現状を語ってみよう。入学式から約一週間にわたって、大学生活一般、卒業研究に必要な単位、第二外国語の選択などについて、ガイダンスのオンパレード。さらに、成績不振学生、単位数の少ない学生、二年時審査や卒業研究着手条件を充たさない学生を呼び出し、就職計画は綿密に報告させ、すべての学生は大学院に進むか公務員になるか企業に就職しなければならない。最近、成績表は親に渡すようになった。そして、（これが重要な点だが）このすべてをほとんどの親が期待しているという。

だが、ウィーン大学ではこうした「指導」が何もない。各人が書店で講義録を買い求め、それを参照して教室に行くだけ。単位が欲しい学生は、教授とどのような試験をするか、そのつど相談して決める。そして、自分で卒業計画を立て、それに従って大学生活を設計するだけ。

単位を取らなくても、卒業しなくても、誰も何も文句を言わない。就職相談室もない。だいたい就職シーズンというものがないから、各人が適当な時期に自分で成績証明書をかき集めて希望する企業に応募するだけである。

この恐るべき差異は何に起因するのか？　一つのヒントがある。わが国では電車の中も、駅も、銀行も、商店街も、「駆け込み乗車をおやめください！　お忘れ物にご注意ください！」等々、テープ音による挨拶、警告、注意放送だらけ。そして、初詣でも、お花見でも、花火大会でも、人が集まる所すべて警察官がマイクで「足許に気をつけて！　押し合わないで！」とガナりたてる。これが彼の地にはまったくないのである。わが国を被う「みんな一緒主義」はお上が民衆を善い方向に指導する「パターナリズム（paternalism）」の現れである。これを民衆も何の疑問もなく受け容れ、ここにお上は民衆をもっと指導すべきだと思い込み、民衆はお上に対して「もっと指導してくれ」と要求する両者の麗しい（？）共謀構造が成立する。地震に伴う福島原子力発電所の事故に対する日本人と外国人の対応の違いは印象的であった。日本人は政府や東京電力の事故報告を信じ、あとからその嘘を知って激しく責め立てた。だが、外国人の多くは初めからこれを信ぜず、あっという間に日本を離れてしまったのである。

†自己判断と自己責任

今回の地震報道は、「がんばろう　日本！」という掛け声を弾丸のように放出し「心温まる話」を次々に伝えるものであったが、そんな食傷気味な色合いの中で印象に残った報道があった。それは、ある中学の津波避難訓練の内容であるが、教師が生徒たちに教えたことは日本人の常識からすると一風変わっている。第一にかっての経験に基づいた情報を信ずるなということであり、第二に「これでいい」と思わずになるべく安全な所へ逃げるということ。これに従って、あの日子どもたちは、地震発生後ただちに学校裏手の丘に登り始めた。彼らは、ハザードマップに赤く塗られた津波危険地域を信じず、地図によると安全なはずの学校の指定した避難所も危ないと判断してさらに高い所に登った。学校指定の所で留まっていたら、みな津波にさらわれたと思われる。さらに、こうした中学生の行動を見て近くの小学生たちも彼らに従って丘を登り始め、こういう子どもたちの群れを目撃して、そこの住民も一斉に高い所に避難した。みんな自分たちの判断に基づいて行動し、全員助かったのである。

これと反対に、少なからぬ学校では、児童生徒たちを校庭で並ばせているあいだに、児童生徒数を確認しているあいだに津波に呑まれるという悲劇が生じた。その一例として、ある保育園では地震から四〇分も後に園児を乗せたバスが発車したが、たちまち津波に呑まれて数人の園児が犠牲になった。わが子を失った若い父親は「あれほどの地震が起これば津波が来るということはわかっているはずなのに！」と、保育園側の遅い対応に身を震わせていた。防災無線やラジオが機能しなかったから、など保育園側が挙げる理由は成立しない。正確な情報や公的な放送を信じてではなく、これまでのありったけの自分の経験に基づいて、とっさに行動すべきなのだ。先生方の頭には全児童生徒を「みんな一緒に」避難させなければならないという固定観念がこびりついていたのであろうが、これは間違いである。一秒でも早く行動に出ること、一人でも多くの児童生徒を避難させることを目指さねばならない。

俳優の岸惠子は子どものころの戦争体験を幾

度も語っている。ある日、「子どもは全員この防空壕に入れ」という大人の指示があったが、彼女はとっさにここは危ないと直感してひとり防空壕を飛び出した。やがて振り返ると、その防空壕めがけて空から爆弾が降り注ぎ子どもたちは全員殺されたのである。権威を信じない精神はこのとき自分のうちに形成された、と彼女は毅然として言う。

だが、もちろん反対のこともある。防空壕に残った子どもたちは全員無事であり、そこを抜け出した彼女だけ爆弾に身体を引き裂かれて死ぬこともありえよう。だが、それでも、そのすべては自分の判断であって他の誰も責めなくていいのだから、潔いではないか。権威を妄信する者に限って、あとでわが身に損益が生ずると、「(権威に)騙された」と呟くのだ。自分は戦争を引き起こした政治家や軍人に騙されたのであり、かつての津波情報に基づいて避難警報を発した市役所や村役場の役人たちに騙されたのである。そうであってはなるまい。「自分で」判断して行動することには、自己責任を引き受ける覚悟が伴わねばならない。権威を信頼し、あとで騙されたと訴えて責任を回避する態度から脱出しなければならない。

†お互いの「わがまま」を認め合う精神

被災地(石巻、名取など)を訪れて、タクシーの運転手さん、旅館の仲居さん、避難所の人々など、静かに諦めきって運命に耐える人々の姿勢は感動的なものであった。すべてを失いながら、自分よりもっと不幸な人もいるからと微笑む人々、救助隊に対してわずかな食べ物を差し出す人々、しかし、それは「みんな一緒主義」の被害者と解せないこともない。こうした「いい人」に接して感じたことは、もっと「わがまま」になっていいのに、もっと世を呪ってもいいのに、ということであった。（彼らにとってはごく自然なのだろうが）自分の「わがまま」をこれほどまでに抑えつけていると、他人の「わがまま」も受け容れがたくなってくるであろう。かつて戦地で戦っている兵隊さんたちを思って、銃後の人々には一切の「わがまま」が禁じられていたように、目下の日本はこうしたどんよりした空気に浸されているように思われる。

自分の「わがまま」を抑えて他人すなわち「みんな」を気づかうというまじめな美徳そのものが、しらずしらずのうちに一定の信念以外の信念を、一定の感受性以外の感受性を、一定の行動以外の行動を拒否する態度を呼び起こす。あまりにもまじめで自分の「わがまま」を押し殺していると、気がつかないうちに他人の「わがまま」を切り捨て「みんな一緒主義」に傾斜することになるのだ。

日本人はもっと自分の「わがまま」を貫いていいように思う。そのことによってはじめて、他人の「わがまま」にも寛大になれるのだ。大上段に構えて、「みんな一緒主義」およびそれがもたらす画一化、物象化、非人間化と対決する必要はない。まずお互いの「わがまま」を認め合うこと、ここから各人の信念や感受性の多様性を尊重する道も開かれていくのであり、そのとき「みんな一緒主義」も自然に希薄化していくのである。

（『児童心理』金子書房、二〇一一年八月号掲載）

あとがき

〈絆〉で苦しんでいる人々すべてに本書を贈ります。それぞれ苦しみ方は違っても、こんな男でも、還暦をはるかに超えるまで沈没せずに生きてこられたことから何からのヒントを探り出し、これからの生き方の参考にしていただければ幸いです。

なお、引用文の翻訳に関しては、強調はすべて原著者のものであり、（『聖書』を除き）漢字・仮名の配分や句読点の位置など表記を多少変えたところがあります。複数の版元から出ている著書は出版社を明記しませんでした。翻訳者が記載されていないものは、すべて拙訳です。三つの付録に関しては、互いに重複する記述は削り、また表記も全体の統一のために多少直しました。

また、挿絵は先日若くして他界された挿絵画家・伊藤蕗子さんのものです。じつは、二〇年も前に刊行された拙著『時間と自由』（晃洋書房）に載せたもの（の一部）なのですが、原稿を書き終えて何度か眺めているうちに、（不思議にも）本書の挿絵としてぴったりだと感じ、ご主人の劇作家・笠井賢一氏の許可を得て使わせてもらいました。ここに感謝いたします。

筑摩書房の天野裕子さん、三年越しにやっと完成しました。折に触れてあなたにも私の信念と感受性とを要求し、さぞや困惑されたことでしょう。お詫びするとともに、願わくは本書を読まれて多少ご理解願えたらと思います。

二〇一四年　一〇月一〇日

東京オリンピック開幕からちょうど五〇年目の日、私は当時高校三年生。中原中也とともに呟けば「とにかく私は苦労して来た。苦労して来たことであった！」。

中島義道

ちくま新書
1103

反《はん》〈絆《きずな》〉論《ろん》

二〇一四年一二月一〇日 第一刷発行

著者 中島義道（なかじま・よしみち）

発行者 熊沢敏之

発行所 株式会社 筑摩書房
東京都台東区蔵前二‐五‐三 郵便番号一一一‐八七五五
振替〇〇一六〇‐八‐四一二三

装幀者 間村俊一

印刷・製本 三松堂印刷 株式会社

乱丁・落丁本の場合は、左記宛にご送付下さい。
送料小社負担でお取り替えいたします。
ご注文・お問い合わせも左記へお願いいたします。
〒三三一‐八五〇七 さいたま市北区櫛引町二‐六〇四
筑摩書房サービスセンター 電話〇四八‐六五一‐〇〇五三

ISBN978-4-480-06811-8 C0210

545
哲学思考トレーニング
伊勢田哲治
哲学って素人には役立たず？ 否、そこは使える知のツールの宝庫。屁理屈や権威にだまされず、筋の通った思考を自分の頭で一段ずつ積み上げてゆく技法を完全伝授！

589
デカルト入門
小林道夫
デカルトはなぜ近代哲学の父と呼ばれるのか？ 行動人としての生涯と認識論・形而上学から自然学・宇宙論におよぶ壮大な知の体系を、現代の視座から解き明かす。

666
高校生のための哲学入門
長谷川宏
どんなふうにして私たちの社会はここまできたのか。「知」の在り処はどこか。ヘーゲルの翻訳で知られる著者が、自身の思考の軌跡を踏まえて書き下ろす待望の書。

695
哲学の誤読
――入試現代文で哲学する！
入不二基義
哲学の文章を、答えを安易に求めるのではなく、思考の対話を重ねるように読み解いてみよう。入試問題の哲学文を「誤読」に着目しながら精読するユニークな入門書。

740
カントの読み方
中島義道
超有名な哲学者カントは、翻訳以前にそもそも原文も難しい。カントをしつこく研究してきた著者が『純粋理性批判』を例に、初心者でも読み解ける方法を提案する。

776
ドゥルーズ入門
檜垣立哉
没後十年以上を経てますます注視されるドゥルーズ。哲学史的な文脈と思想的変遷を踏まえ、その豊かなイマージュと論理を読む。来るべき思想の羅針盤となる一冊。

832
わかりやすいはわかりにくい？
――臨床哲学講座
鷲田清一
人はなぜわかりやすい論理に流され、思い通りにゆかず苛立つのか――常識とは異なる角度から哲学的に物事を見る方法をレッスンし、自らの言葉で考える力を養う。